# Die Bearbeitung der Grundbuchsachen.

Handbuch
für Grundbuchbeamte und Notare.

Von

A. Liebegott,
Amtsgerichtsrat.

Berlin 1910.
J. Guttentag, Verlagsbuchhandlung,
G. m. b. H.

# Vorwort.

Die vorliegende Arbeit soll ein kurzgefaßtes Handbuch für den täglichen Gebrauch im Grundbuchverkehre sein.

Sie ist aus der 30jährigen grundbuchrichterlichen Tätigkeit des Unterzeichneten entstanden und lediglich für die Praxis zur schnellen Orientierung oder Vergewisserung in Zweifelsfällen bestimmt. Die Erfahrungen, die der Unterzeichnete bei Erledigung seiner eigenen Grundbuchsachen und bei den ihm übertragenen Revisionen gesammelt hat, sind in gedrängter Form zusammengefaßt. Entsprechend ihrer Entstehung berücksichtigt die Arbeit hinsichtlich der landesgesetzlichen Vorschriften und deren Anwendung nur das Preußische Recht.

Eine erhebliche Schwierigkeit bilden für den Grundbuchrichter, namentlich bei ländlichen Grundbüchern die Bestandsverzeichnisse, die zum großen Teil alten Formulars sind und noch lange bleiben werden. Es ist deshalb auf die Behandlung dieser, sowie auf die Fortbenutzung und Anpassung der aus dem früheren Rechte beibehaltenen Titelblätter näher eingegangen. Auch das Verfahren bei Eintragungen auf Grundstücken mehrerer Amtsgerichte (Zuschreibungen, Vereinigungen, Gesamthypotheken) ist ausführlicher besprochen.

Das Buch beansprucht nicht ein Lehrbuch zu sein. — Seinem Zwecke als Wegweiser und Nachschlagebuch gemäß führt es aber die benutzten Entscheidungen, insbesondere der Rechtsprechung des Kammergerichts überall an, so daß es bei Streitfragen die Möglichkeit bietet, sofort in ein eingehendes Studium dieser Fragen einzutreten.

Wenn die Arbeit nun auch in erster Linie für Grundbuchbeamte bestimmt ist, so dürfte dieselbe doch wegen der ausführlichen Benutzung der Entscheidungen des Kammergerichts, der eingehenden Erörterungen über Legitimationen der Antragsteller, Form und Fassung der Eintragungsurkunden, Notwendigkeit der Genehmigungen und Fragen aus Familien- und Erbrecht auch über diesen engeren Kreis hinaus, namentlich für Notare und die mit Grundbuchsachen beschäftigten Privatpersonen als Nachschlagebuch verwertbar sein.

Halle a. S., im Juli 1910.

**A. Liebegott.**

# In der Praxis und bei Fertigung der Arbeit benutzte Bücher.


1. Achilles-Strecker: Die Grundbuchordnung nebst den Preußischen Ausführungsbestimmungen.
2. Brachvogel und Frydrychowicz: Handbuch des Grundbuchrechtes.
3. Endemann: Sachenrecht.
4. Güthe: Die Grundbuchordnung für das Deutsche Reich und die Preußischen Ausführungsbestimmungen.
5. Oberneck: Reichsgrundbuchrecht.
6. Turnau-Foerster: Liegenschaftsrecht nach den Deutschen Reichsgesetzen und Preußischen Ausführungsbestimmungen.
7. Johow und Ring: Jahrbuch der Entscheidungen des Kammergerichts in Sachen der freiwilligen Gerichtsbarkeit in Kosten-, Stempel- und Strafsachen.


## Abkürzungen.

AG. = Preußisches Ausführungsgesetz.
AV. (auch Allg. Verf.) = Allgemeine Verfügung des Justizministers vom 20. November 1899 zur Ausführung der Grundbuchordnung.
BGB. = Bürgerliches Gesetzbuch.
EG. = Einführungsgesetz.
FG. = Reichsgesetz über die Angelegenheiten der freiwilligen Gerichtsbarkeit.
GBO. = Reichsgrundbuchordnung.
GS. = Preußische Gesetzsammlung.
GVG. = Gerichtsverfassungsgesetz.
HGB. = Handelsgesetzbuch.
JMBl. = Justizministerialblatt.
Joh. = Johow und Ring, Jahrbuch der Entscheidungen des Kammergerichts usw.
KV. = Königliche Verordnung, betreffend das Grundbuchwesen vom 13. November 1899 (GS. S. 519).
Pr. FG. = Preußisches Gesetz über die freiwillige Gerichtsbarkeit vom 21. September 1899.
Pr. GBO. = Preußische Grundbuchordnung vom 5. Mai 1872.
RGS. = Reichsgesetzsammlung.
RStG. = Reichsstempelgesetz vom 15. Juli 1909.
StG. = Preuß. Stempelgesetz in der Fassung der Bekanntmachung v. 30. Juni 1909.
ZPO. = Zivilprozeßordnung.

# Inhaltsverzeichnis.

## A. Allgemeiner Teil.

## B. Besonderer Teil.

## Einrichtung der Grundbücher.

# A. Allgemeiner Teil.

## § 1. Grundbuchbeamte.

1. Die Bearbeitung der Grundbuchsachen — Anlegung und Führung der Grundbücher — ist reichsgesetzlich nach § 1 GBO. Grundbuchämtern übertragen, die Einrichtung dieser jedoch der Landesgesetzgebung überlassen. Denkschrift zu § 1 und § 100 GBO.

In Preußen sind auf Grund dieses Vorbehaltes durch Art. 1 AG. z. GBO. die Amtsgerichte zu Grundbuchämtern für die in ihrem Bezirke belegenen Grundstücke bestimmt.

Die **Amtsrichter** und die **Gerichtsschreiber** und bei den mit mehreren Richtern besetzten Amtsgerichten die mit der Bearbeitung der Grundbuchsachen betrauten Richter und Gerichtsschreiber sind deshalb die **Grundbuchbeamten.**

a) Als Grundbuchrichter kommen also zunächst die Amtsrichter in Betracht.

Die **Gerichts-Assessoren** sind aber den Amtsrichtern auch hinsichtlich der Grundbuchgeschäfte völlig gleichgestellt, und zwar unabhängig davon, ob sie von der Justizverwaltung ausdrücklich als besoldete Hilfsrichter bestellt oder nur dem Amtsgerichte zur unentgeltlichen Beschäftigung überwiesen sind. § 3 u. 4 AG. z. GVG.

**Referendare,** welche mindestens zwei Jahre im Vorbereitungsdienste beschäftigt sind, können durch die Justizverwaltung im Bedürfnisfalle mit der Wahrnehmung der Geschäfte des Grundbuchrichters betraut werden. § 2 AG. z. GVG. in Verbindung mit Art. 130 Nr. II Pr. FG.

Auch der mit ihrer Ausbildung befaßte Richter darf sie im Notfalle mit der selbständigen Erledigung von Grundbuchsachen beauftragen. JustMinVerf. v. 9. 12. 79, JMBl. S. 466.

Zwar soll diese Beauftragung der Regel nach nur zur Abhaltung von Terminen geschehen, indessen dürfte der Wirksamkeit eines weitergehenden Auftrages, insbesondere auch auf Eintragungen in das Grundbuch, weder die gedachte Verfügung noch Art. 130 Nr. II entgegenstehen.

b) Grundbuchführer dürfen zunächst nur die wirklich angestellten Gerichtsschreiber sein. Die Gerichtsschreibergehilfen sollen nach § 5 des Gesetzes über die Dienstverhältnisse der Gerichtsschreiber v. 5. 3. 79 in der Fassung des Art. 131 Pr. FG., selbst wenn sie die Gerichtsschreiberprüfung bestanden haben, nur zur notwendigen Aushilfe als Grundbuchführer verwendet werden.

Bureaugehilfen dürfen nur bei den mit einem Gerichtsschreiber besetzten Amtsgerichten die Geschäfte des Grundbuchführers wahrnehmen, jedoch auch nur dann, wenn sie die Gerichtsschreiber- oder Gerichtsschreibergehilfenprüfung bestanden haben, oder, wenn sie, ohne diese Prüfung, bei Behinderung des Gerichtsschreibers allgemein mit dessen Vertretung beauftragt sind. Allg. Verf. v. 2. 7. 85 JMBl. S. 229, § 26 Abs. 4 der Gerichtsschreiberordnung v. 17. 12. 99.

Endlich kann durch den Landgerichtspräsidenten ein **Kanzleigehilfe** zur Eintragung in das Grundbuch, jedoch nur hierzu, ermächtigt werden. Allg. Verf. v. 5. 5. 82.

2. Die **sachliche Zuständigkeit** der beiden Grundbuchbeamten regeln insbesondere Art. 4—7 AG. z. GBO.

Hervorzuheben ist, daß jeder von beiden — sowohl der Richter als der Gerichtsschreiber — zur Beurkundung des in § 13 GBO. vorgeschriebenen Eingangsvermerkes befugt ist, und daß diese Zuständigkeit ihnen ausschließlich obliegt. Nur der vom Grundbuchrichter oder Grundbuchführer angebrachte Eingangsvermerk bestimmt die Rangordnung, § 46 GBO. § 879, führt die Bindung herbei, § 873 Abs. 2 § 878, und entscheidet über den guten Glauben, § 892 Abs. 2 BGB. Der etwa vom Aufsichtsrichter angebrachte Vermerk hat keine Wirkung, muß vielmehr wiederholt werden. Der Vermerk muß von demjenigen Grundbuchbeamten beurkundet werden, welcher den Antrag in Empfang genommen hat, bei der Auflassung also unter allen Umständen vom Richter.

Bezieht sich der Antrag auf mehrere Grundstücke, die von verschiedenen Richtern bearbeitet werden, so ist jeder dieser Beamten für die Eingangsbescheinigung hinsichtlich sämtlicher Grundstücke zuständig.

Der Grundbuchführer hat aber die bei ihm eingegangenen Anträge sofort dem anderen Grundbuchführer zur Kenntnis zu bringen, und ist in den betreffenden Grundakten der Inhalt und Zeitpunkt des Einganges, sowie der Verbleib des Antrages ersichtlich zu machen, offenbar zur Vermeidung einer Schädigung bei etwa später zu diesen Akten eingehenden besonderen Anträge. Geschäftsordnung der Gerichtsschreibereien der Amtsgerichte vom 11. 10. 06 § 5 Nr. 10—12.

Gehören die Grundstücke zu verschiedenen Amtsgerichten, so hat der Eingangsvermerk des einen keine Wirkung für das andere Grundstück. Joh. Bd. 34 S. A 289.

Abgesehen von den Eingangsvermerken ist die grundbuchamtliche Tätigkeit z. B. Aufnahme der Auflassungsverhandlung und Eintragung in das Grundbuch eines nicht zum Grundbuchrichter bestellten Amtsrichters desselben Amtsgerichts wirksam, weil die sämtlichen Amtsrichter erst das Amtsgericht ausmachen und die Geschäftsverteilung nur für den inneren Geschäftsverkehr Wichtigkeit hat. § 23 Abs. 2 AG. z. GVG.

3. Für die **örtliche Zuständigkeit** bestimmt Art. 1 AG. z. GBO., daß die Amtsgerichte nur Grundbuchämter für die in ihrem Bezirke belegenen Grundstücke sind. Wenn jedoch ein Grundstück bei einem unzuständigen Amtsgerichte geführt wird, z. B. es war als Bestandteil an ein anderes Amtsgericht übertragen, das Hauptgrundstück ist später von dem betreffenden Blatte abgeschrieben, die Zurückübertragung aber aus Versehen unterblieben, so sind die von dem unzuständigen Amtsgerichte hinsichtlich desselben vorgenommenen grundbuchamtlichen Handlungen — Eintragungsurkunden und Eintragungen — nach dem gemäß Art. 1 Pr. FG. auch für Grundbuchsachen maßgebenden § 7 FG. nicht unwirksam. Das zuständige Grundbuchamt wird, wenn die Zurückübertragung erfolgt, dieselben anerkennen und gelten lassen müssen.

4. Über die Tätigkeit der durch Gesetz oder Ablehnung **ausgeschlossenen Grundbuchbeamten** wird reichsgesetzlich, § 10 GBO., nur bestimmt, daß die von ihnen vorgenommene Eintragung aus diesem Grunde nicht unwirksam sein soll.

Abgesehen von der **Eintragung** gelten indessen sowohl für den Richter, Art. 1, als auch für den Gerichtsschreiber, Art. 2 Pr. FG., die in § 6, § 170, 171 FG. gegebenen Beschränkungen und sind alle gegen die gedachten Vorschriften verstoßenden Urkunden — insbesondere Auflassungserklärungen und Eintragungsbewilligungen — nichtig.

## § 2. Anlegung der Grundbücher.

Da die Anwendung der materiellen und formellen Grundbuchgesetze (Art. 189 EG.) das Vorhandensein von Grundbüchern voraussetzt, mußte, soweit solche nicht bereits bestanden, ihre Anlegung erfolgen, und zwar auf Grund landesherrlicher Verordnung. Art. 186 EG. z. BGB.

Für Preußen ist dieses geschehen durch die Verordnung betreffend das Grundbuchwesen vom 13. November 1899 GS. S. 519.

Die allgemeine Anlegung der Grundbücher, für welche Art. 3 u. 4 bzw. 5 maßgebend sind, ist inzwischen wohl überall durchgeführt, es wird sich künftig hauptsächlich nur noch um Anlegung von einzelnen Grundbuchblättern handeln, und zwar entweder für Grundstücke, die, trotzdem sie buchungspflichtig sind, im Grundbuche nicht eingetragen stehen, oder für solche, die gesetzlich Buchungsfreiheit genießen, aber aus irgendeinem Grunde im Grundbuche eingetragen werden sollen. — Soweit in beiden Fällen die Grundstücke in Landesteilen liegen, für die mit der Anordnung der Einführung der Pr. GBO. auch über die Anlegung der Grundbücher besondere Gesetze erlassen sind, hat die nachträgliche Anlegung der einzelnen Blätter nach diesen zu erfolgen, Art. 15, während für den ursprünglichen Geltungsbereich der Pr. GBO. in Art. 16–33 besondere erleichternde Bestimmungen getroffen sind, deren Anwendung in der Praxis sehr häufig notwendig wird.

Über die Anlegung in diesen Fällen ist folgendes zu bemerken:

1. Stellt sich heraus, daß ein buchungspflichtiges Grundstück im Grundbuche nicht eingetragen ist, so hat der Grundbuchrichter zunächst nach Art. 17 von Amts wegen zur Ermittelung der nach § 2 GBO. § 3 AB. einzutragenden Bezeichnung des Grundstücks vom Katasteramt einen Auszug aus der Mutterrolle zu erfordern und durch schriftliche oder mündliche Erhebungen die Eigentumsverhältnisse nach Möglichkeit festzustellen. Ergibt sich hierbei, daß das Grundstück früher im Grundbuche z. B. unter der alten allgemeinen Bezeichnung mit eingetragen war und bei einer nötig gewordenen Umbuchung, vielleicht infolge der stattgehabten Separation oder gelegentlich der nach Einführung der Pr. GBO. erfolgten Zurückführung der Grundbücher auf die Steuerbücher, lediglich aus Versehen nicht mit übernommen ist, so handelt es sich nur um nachträgliche Ergänzung des früheren unrichtigen Verfahrens, es ist deshalb die Aufnahme ohne weiteres zu bewirken. Kann die frühere Eintragung nicht ermittelt werden, so ist nach Art. 18ff. zu verfahren. In der Praxis erfolgt die Eintragung in der Regel auf Grund eines Zeugnisses im Sinne des Art. 20 Abs. 2a, weil in diesem außer dem leicht festzustellenden Eigenbesitz nur eine Glaubhaftmachung, nicht, wie bei 2b, ein Nachweis gefordert wird.

Das Zeugnis wird dahin zu lauten haben, daß der Betreffende gegenwärtig im Eigenbesitze des fraglichen Grundstückes ist und daß er allein oder unter Hinzurechnung der Besitzzeit seines Rechtsvorgängers z. B. des Erblassers oder des früheren Eigentümers des Gutes, zu dem das Grundstück gehörte, bis zum 1. Januar 1900 44 Jahre, oder beim Vorhandensein eines, wenn auch ungültigen, Titels 10 Jahre Eigenbesitz gehabt hat.

Dieses Zeugnis kann, wenn eine physische Person als Eigentümer in Frage kommt, von jeder öffentlichen Behörde, z. B. dem Gemeindevorsteher, dem Magistrat, dem Gemeindekirchenrat ausgestellt werden.

Soll dagegen eine juristische Person, mag dieselbe dem öffentlichen Rechte z. B. Landgemeinde, Stadtgemeinde oder dem Privatrechte z. B. Aktiengesellschaft, Gewerkschaft angehören, als Eigentümerin eingetragen werden, so bedarf es nach Art. 20 Nr. 2b Abs. 2, Art. 11 Abs. 1 des Attestes einer staatlichen (Königlichen) Behörde, z. B. Polizei, Amtsvorsteher, Regierung, Konsistorium. Joh. Bd. 21 S. A 290.

Dabei ist es unerheblich, daß die bescheinigende Behörde mit der einzutragenden juristischen Person in direktem Zusammenhange steht. Es kann mithin der Vertreter der Polizeibehörde einer Stadt für dieselbe Stadt das Besitzattest ausstellen. Joh. Bd. 27 S. A 239.

Da die Eintragung der buchungspflichtigen Grundstücke von Amts wegen zu erfolgen hat, kann der Grundbuchrichter die erforderlichen Atteste selbst einfordern, er kann aber die Einreichung derselben auch dem Eigentümer unter Androhung der gesetzlichen Zwangsmittel aufgeben. Art. 32 KV.

2. Die Eintragung buchungsfreier Grundstücke, welche hauptsächlich bei Veräußerungen und Belastungen derselben mit Rücksicht auf § 40 GBO., Joh. Bd. 26 S. A 115, nötig wird, erfolgt in derselben Weise. Sie setzt jedoch, Art. 1, einen Antrag voraus, auch hat der Antragsteller die erforderlichen Unterlagen selbst zu beschaffen und einzureichen.

## § 3. Gegenstände der Buchung.

Die Grundbücher dienen zur Aufnahme der Grundstücke und zum Nachweise der mit ihnen verbundenen Rechte, nämlich des Eigentums und der sogenannten dinglichen Rechte.

1. **Grundstücke.**

Grundsätzlich sind sämtliche Grundstücke dem Buchungszwange unterworfen, also von Amts wegen im Grundbuche einzutragen. § 3 GBO.

Ausnahmsweise ist jedoch einzelnen Grundstücken mit Rücksicht auf die Persönlichkeit des Eigentümers oder wegen der Art ihrer Benutzung Buchungsfreiheit gewährt, nämlich reichsgesetzlich nach § 90 Abs. 1 Satz 2 GBO. den den gegenwärtigen oder früheren Landesherren oder zu ihrem Familiengut, sowie den der Fürstlichen Familie Hohenzollern gehörigen Grundstücken, und landesgesetzlich in Preußen nach Art. 1 KV. den Grundstücken des Deutschen Reiches und Preußischen Staates — nicht der übrigen Bundesstaaten — der Kommunalverbände, u. a. Provinzen, Kreise, Stadt- und Landgemeinden, der Kirchen, Klöster und Schulen, ferner den öffentlichen Wegen und Gewässern, sowie den einem dem öffentlichen Verkehr dienenden Bahnunternehmen gewidmeten Grundstücke.

Alle diese Grundstücke brauchen zwar nicht im Grundbuche eingetragen zu werden, jedoch kann und muß ihre Aufnahme auf Antrag erfolgen. Der Antrag stellt sich als reiner Antrag dar, bedarf deshalb nach § 30 GBO. keiner besonderen Form. Antragsberechtigt ist nicht nur der Eigentümer selbst, sondern auch derjenige, der ein Recht an dem buchungsfreien Grundstücke erlangt hat. Z. B. auf Eintragung einer Grunddienstbarkeit oder einer Zwangshypothek. § 13 Abs. 2 GBO.

Erwirbt eine der vorgedachten Personen, denen Buchungsfreiheit zusteht, ein buchungspflichtiges und deshalb auch bereits im Grundbuche eingetragenes Grundstück, so verbleibt dasselbe weiter im Grundbuche, jedoch kann der Erwerber die Ausbuchung entweder sogleich bei der Auflassung oder erst später nach Eintragung des Eigentumsüberganges auf ihn durch formlosen Antrag verlangen. Dem Antrage ist stattzugeben und die Ausbuchung zu bewirken, vorausgesetzt, daß in Abt. II oder III Belastungen nicht verzeichnet sind. § 90 Abs. 2 GBO.

Der in Sp. Abschreibungen des Bestandsverzeichnisses aufzunehmende Vermerk würde lauten können:

> Lfd. Nr. 1 auf Antrag des Eigentümers aus dem Grundbuche ausgeschieden. Eingetr. ...

bzw.

> An die Stadtgemeinde Landsberg aufgelassen und ohne Übertragung auf ein neues Grundbuchblatt für dieselbe abgeschrieben. Eingetr. ...

2. **Außer über Grundstücke werden Grundbücher auch noch angelegt bzw. geführt für**

a) das Erbbaurecht, § 1012 BGB. Die Anlegung eines Grundbuchblattes ist nach § 7 GBO. an sich von einem hierauf gerichteten privatschriftlichen Antrage abhängig, muß jedoch ohne solchen von Amts wegen bei Veräußerung oder Belastung des Erbbaurechtes erfolgen;

b) die aus dem früheren Rechte herrührenden Grundbuchblätter über gewisse für sich bestehende dinglichen Rechte sind insoweit fortzuführen, als die Aufrechterhaltung des früheren Rechtes ausgesprochen ist. Dieses ist u. a. der Fall für die Fährgerechtigkeit und Schiffsmühlengerechtigkeit Art. 65, die Fischereigerechtigkeit Art. 69, die Bergwerke Art. 67 EG. z. BGB.

Soweit für diese Rechte ein Grundbuchblatt angelegt ist, stehen sie hinsichtlich der Veräußerung und Belastung den Grundstücken vollständig gleich, Art. 22 AG. z. GBO., § 83 GBO.

3. **Rechte an Grundstücken.**

Das gegenwärtige Recht erkennt als dingliche Rechte nur an: Eigentum, Erbbaurecht, Dienstbarkeiten, nämlich Grunddienstbarkeiten, Nießbrauch und beschränkte persönliche Dienstbarkeiten, Vorkaufsrecht, Reallasten, sowie Hypotheken, Grundschulden und Rentenschulden.

Nur diese Rechte können fortan im Grundbuche eingetragen werden, während nach früherem Rechte jeder Anspruch durch Eintragung dinglich gemacht werden durfte.

Mit Rücksicht auf diese Einschränkung kann auch eine Vormerkung im Sinne des § 883 BGB. zur Sicherung eines bisher noch persönlichen Anspruches nur dann eingetragen werden, wenn derselbe auf den Erwerb eines der vorgedachten Rechte gerichtet ist.

Joh. Bd. 20 S. A 91, Bd. 21 S. A 133.

## § 4. Grundlage der Grundstücke.

Nach § 2 Abs. 2 GBO. hat die Eintragung der Grundstücke nach einem amtlichen Verzeichnisse zu erfolgen, dessen Einrichtung durch landesherrliche Verordnung bestimmt werden sollte. In Preußen sind diese amtlichen Verzeichnisse die Grund- und Gebäudesteuerbücher, welche von den für die einzelnen Kreise gebildeten Katasterämtern geführt werden. Die Einrichtung dieser Bücher beruht auf den Gesetzen vom 21. Mai 1861 (GS. S. 253 bzw. 317) und den zu ihrer Durchführung ergangenen Anweisungen.

Diese Gesetze, welche für die ganze damalige Monarchie — mit Ausnahme von Hohenzollern und des Jadegebiets — erlassen waren, sind später mit geringen Abänderungen auch für die neuen Provinzen und im Jadegebiet eingeführt, gelten sonach mit unerheblichen Abweichungen im ganzen Preußischen Staate.

Sie bezwecken eine anderweite Regulierung der Grundsteuer und die Einführung einer allgemeinen Gebäudesteuer, von denen die erstere § 1 des Ges. (S. 253) von den ertragfähigen Liegenschaften, einschließlich der einen Morgen übersteigenden Hausgärten, die letztere von den Gebäuden und den dazugehörigen Hofräumen und Hausgärten, soweit deren Fläche einen Morgen nicht übersteigt, zu entrichten ist.

Die zur Ermittelung bzw. Erhebung der Steuer anzulegenden Verzeichnisse sind die auf Grund einer Gemarkungskarte eingerichteten Flurbücher und Grundsteuermutterrollen, § 10 Verordnung v. 12. 12. 64 GS. S. 673, und die Gebäudesteuerrollen, § 15 Ges. v. 21. 5. 61 GS. S. 317.

Sämtliche Verzeichnisse sind, entsprechend der Erhebung der Steuer, für jeden Gemeinde- und selbständigen Gutsbezirk besonders hergestellt.

Es kommen mithin in Betracht:

**1. Die Gemarkungskarten.**

a) Nach § 22 des Gesetzes über Regelung der Grundsteuer, GS. S 253, und der Anweisung A wurden, soweit solche nicht bereits in brauchbarer Form vorhanden z. B. die Separationskarten, Gemarkungskarten hergestellt und in denselben sämtliche Liegenschaften, einschließlich der Grundflächen der Gebäude, Wege, Flüsse und Bäche, kurz, die ganze Erdoberfläche der Gemarkung aufgenommen, § 5 der Hauptanweisung. Zwecks Ermittelung des Reinertrages, d. h. desjenigen Überschusses, der von den nutzbaren Liegenschaften nach Abzug der Bewirtschaftungskosten erzielt werden konnte § 3 Ges., wurden die Grundstücke nach der Art ihrer Benutzung in sieben verschiedene Kulturarten eingeteilt, §§ 4 u. 5, nämlich in Äcker, Gärten, Wiesen, Weiden, Holzungen, Wasserstücke und Unland und bei jeder einzelnen Kulturart, § 6, wegen ihrer wesentlichen Verschiedenheit des Bodens und der Ertragsverhältnisse acht sogenannte Bonitätsklassen unterschieden, sodann für jeden Morgen, jeder Bonitätsklasse, jeder einzelnen Kulturart der Reinertrag festgestellt. Die Aufnahme der Liegenschaften in der Karte hatte ihrer örtlichen Lage entsprechend zu erfolgen, dabei waren, § 17 Anl. A, die einzelnen Grundstücke nach der Verschiedenheit des Eigentümers, der Kulturart, der Steuerfreiheit und Steuerpflichtigkeit gesondert darzustellen, auch die mit Gebäuden besetzten Flächen besonders hervorzuheben. Jeder unter Beachtung dieser Unterschiede in der Karte aufgenommene besondere Abschnitt wird Parzelle genannt und erhält eine mit Nr. 1 beginnende fortlaufende Nummer. Nur die zwar ebenfalls eingezeichneten Abschnitte der abweichenden Bonitätsklassen desselben Grundstücks erhalten keine besondere Nummer, werden vielmehr durch die Hinzufügung lateinischer Buchstaben a, b, c, d voneinander unterschieden. Es hatte deshalb, wenn z. B. ein demselben Eigentümer gehöriges Grundstück, etwa Plan Nr. 25 aus Acker und Wiese bestand und der Acker zum Teil zur ersten und zweiten, die Wiese zur fünften und sechsten Bonitätsklasse eingeschätzt wurde, zwar Acker und Wiese je eine besondere Parzellennummer zu erhalten, vielleicht 6 und 7, während die verschiedenen Bonitätsklassen dagegen nur durch a und b zu unterscheiden waren, mithin

Acker vom Plane 25, Kartenblatt 1 Parzelle 6a und 6b,

Wiese vom Plane Nr. 25, Kartenblatt 1 Parzelle 7a und 7b.

Der Regel nach wurde § 3 Anl. A für jede Gemarkung nur ein Kartenbogen vorgesehen, sobald jedoch auf diesem die Grundstücke einer Gemarkung wegen ihrer Ausdehnung in dem vorgeschriebenen Maßstabe von 1 : 2500 bis 1 : 5000 nicht dargestellt werden konnten, sollte die Karte in mehrere Blätter — Kartenblätter — zerlegt und auf diesen die Grundstücke in der Weise aufgenommen werden, daß sie sich in ihrem natürlichen Zusammenhange aneinander anschließen und die zusammengelegten Kartenblätter die vollständige Fläche der Gemarkung ergeben. Die Bezeichnung der Parzellen hat dann auf jedem Kartenblatte mit Nr. 1 zu beginnen, so daß dieselben Zahlen auf jedem einzelnen Kartenblatte wiederkehren.

Obwohl durch die Angabe des Kartenblatts und der Parzellennummer die Lage des betreffenden Grundstücks ausreichend bestimmt sein würde, werden die zusammenliegenden Grundstücke doch noch besonders bezeichnet, und zwar entweder nur durch besondere Plannummern — Plan Nr. 24 — oder nach der ortsüblichen Benennung der betreffenden Feldlage, z. B. in den Fichten, im Mittelfelde, am Dorfe.

Gehört zu einer solchen Feldlage eine größere Anzahl von Grundstücken, so werden in der Regel auch noch Nummern beigefügt, z. B. in den Breiten Nr. 1, Nr. 2, Nr. 3, am Dorfe Nr. 1, Nr. 2 usw.

Grundsätzlich sollte, wie dieses bei den Steuerbüchern streng durchgeführt ist, die Gemarkungskarte für jeden Gemeinde- oder selbständigen Gutsbezirk besonders angelegt werden, § 22 Hauptanweisung, jedoch war dieses nicht immer durchzuführen, weil innerhalb der Gemarkung oft Enklaven oder Zungen bildende Grundstücke einer anderen Gemeinde, insbesondere aber eines Gutsbezirks belegen waren, oder weil die zu den nahe beieinander liegenden Ortschaften gehörigen Grundstücke vollständig durcheinander lagen. In diesen Fällen sind nicht selten, § 10 Anl. A, die sämtlichen Grundstücke von verschiedenen Gemeinden einheitlich kartiert. Bei Gutsbezirken ist dieses sogar die Regel.

Die Gemarkung führt dann entweder den Namen sämtlicher Gemeinden nebeneinander, z. B. im Amtsgerichtsbezirk Halle a. S. die Gemarkungen Ammendorf-Beesen-Planena oder Teicha-Loebnitz-Raethern, oder sie wird nur nach der größten Gemeinde benannt, z. B. Gemarkung Oppin für die Grundstücke der Gemeinden Oppin, Freiheit Oppin, Pranitz, Inwenden und Harsdorf.

b) Ungetrennte Hofräume und Hausgärten.

Von der Regel, daß in der Karte jedes einem anderen Eigentümer gehörige Grundstück vermessen und mit seiner Begrenzung eingezeichnet werden soll, ist hinsichtlich der Gebäudeflächen, der zu denselben gehörigen Hofräume und Hausgärten — bis zur Größe von einem Morgen — eine Ausnahme zugelassen, § 7 Abs. 2 Anl. A, offenbar weil diese nicht zur Grundsteuer, sondern zur Gebäudesteuer veranlagt wurden, und hierfür der Umfang der Fläche nicht ausschlaggebend war.

In den Karten sind deshalb nur die Gesamtflächen der zu einer Gemeinde gehörigen Gehöfte einschließlich der Hausgärten, die Stadt oder Dorflage, an der betreffenden Stelle als eine einheitliche Parzelle, oder wenn die einzelnen Gehöfte zerstreut lagen, als verschiedene Parzellen dargestellt. Diese Gesamtkomplexe der unvermessenen Dorf- und Stadtlage werden als „ungetrennte Hofräume und Hausgärten" bezeichnet.

Die einzelnen Eigentümer der Gehöfte haben an der Grundfläche der letzteren zwar Sondereigentum, die Flächen können aber nicht katastermäßig angegeben werden, sind in den Steuerbüchern und dementsprechend im Grundbuche als „Anteil an den ungetrennten Hofräumen und Hausgärten" benannt.

Die über einen Morgen großen Hausgärten sind als der Grundsteuer unterliegend vermessen und in der Karte als besondere Parzellen aufgeführt.

Sobald die Veräußerung eines Teiles der ungetrennten Hofräume usw. erfolgen soll, muß die Grundfläche des betreffenden Gehöftes, mindestens der zu veräußernde Teil nach § 30 AV. zum

Zwecke der Auflassung vermessen und als bestimmte Parzelle in der Karte aufgenommen werden.

2. **Flurbücher.**

Auf Grund der Karten und der erfolgten Einschätzungen zum Reinertrage wurden die Flurbücher angelegt, § 10 Verordnung v. 12. 12. 64 GS. S. 673, und zwar unter allen Umständen für jede Gemeinde und jeden selbständigen Gutsbezirk und soweit besondere Grundsteuererhebungsbezirke angeordnet sind, auch für jeden von diesen getrennt.

In dieselben werden unter fortlaufenden Nummern sämtliche auf der Karte verzeichneten Grundstücke einschließlich der ungetrennten Hofräume und Hausgärten, Wege, Flüsse und Eisenbahnen, den vorhandenen Spalten entsprechend, mit dem Artikel der Mutterrolle eingetragen. Für die Aufnahme ist allein die örtliche Lage der Grundstücke und die Ordnung der Einzeichnung derselben auf der Karte maßgebend, so daß sie ohne Rücksicht auf die Eigentümer in der Weise aufgenommen werden, daß die einzelnen Parzellen der verschiedenen Kartenblätter hintereinander in fortlaufender Reihenfolge mit Kartenblatt 1 Parzelle 1 beginnend der Karte entsprechend aufgeführt werden.

Decken sich Gemeinde und Gutsbezirk nicht mit der Gemarkungskarte, weil in der letzteren die Grundstücke mehrerer Bezirke vereinigt sind, so werden in den besonderen Flurbüchern nur die zu der betreffenden Gemeinde gehörigen Parzellen aufgenommen und wird wechselseitig bei den fehlenden Parzellen auf den anderen Gemeinde- bzw. Gutsbezirk verwiesen. Wenn z. B. in der gemeinschaftlichen Gemarkungskarte des Gemeinde- und Gutsbezirks Dieskau die Parzellen Nr. 1—74 Kartenblatt 1 zur Gemeinde und die Parzellen 75—93 zum Gute Dieskau gehören, so sind in dem Flurbuch der Gemeinde die Parzellen Nr. 1—74 verzeichnet, demnächst vermerkt: „Nr. 75—93 gehören zum Gutsbezirk Dieskau", während im Flurbuche des Gutsbezirks vermerkt ist: „Nr. 1—74 gehören zum Gemeindebezirk Dieskau" und demnächst als erste Parzelle Nr. 74 aufgenommen ist.

3. **Grundsteuermutterrolle.**

Die Grundsteuermutterrolle gründet sich auf das Flurbuch und enthält ebenfalls die sämtlichen Liegenschaften, ist gleichfalls für jeden Gemeinde- und selbständigen Gutsbezirk, gegebenenfalls auch für jeden Steuererhebungsbezirk besonders angelegt. Während jedoch für das Flurbuch lediglich die örtliche Lage maßgebend war, ist bei der Grundsteuermutterrolle der Eigentümer entscheidend. In der Mutterrolle werden nämlich die sämtlichen Grundstücke desselben Eigentümers an einer oder mehreren Stellen (Artikel) hintereinander aufgeführt, und zwar mit derselben Bezeichnung als im Flurbuche. Die Stelle ist der Steuerartikel des betreffenden Eigentümers.

In der Regel soll jeder Eigentümer in derselben Gemeinde nur einen Steuerartikel haben, auf dem sein ganzer Grundbesitz in der fraglichen Gemeinde aufgeführt ist, jedoch ist dieses nicht notwendig, es müssen sogar verschiedene Artikel angelegt werden, wenn die Grundstücke im Grundbuche auf verschiedenen Blättern eingetragen sind, da für jedes Blatt ein besonderer Artikel angelegt werden muß.

Für die „ungetrennten Hofräume und Hausgärten" wird zwar, § 14 Abs. 3 Verordnung v. 12. 12. 69, ein besonderer gemeinschaftlicher Artikel geführt, es muß jedoch auf den Sonderartikeln der Eigentümer von Anteilen an diesen ungetrennten Hofräumen usw. ihr Eigentum durch Hinweis hervorgehoben werden, und zwar durch den unter den Grundstücken anzubringenden Vermerk:

„und Anteil an den ungetrennten Hofräumen und Hausgärten",

oder

„und Anteil an Artikel . . ." (nämlich den für die ungetrennten Hofräume usw. geführten gemeinschaftlichen Artikel).

4. **Gebäudesteuerrolle.**

In der Gebäudesteuerrolle, welche, wie bereits bemerkt, ebenfalls für jeden Gemeinde- und selbständigen Gutsbezirk besonders geführt wird, finden die sämtlichen Gebäude mit ihrer Grundfläche, Hofräumen und Hausgärten Aufnahme. Sind die Grundflächen vermessen, so erfolgt die Aufnahme dem Flurbuche entsprechend, also unter Angabe des Kartenblattes der Parzellennummer und der Größe, sowie mit der Bezeichnung Hofraum oder Hausgarten, während, wenn Vermessung nicht erfolgt ist, die Zugehörigkeit zu der unvermessenen Stadt- oder Dorflage durch die Anführung

„Anteil an den ungetrennten Hofräumen und Hausgärten"

angegeben ist.

Sofern die Gebäude zu einem Nutzungswert veranlagt sind, ist dieser ebenfalls aufgenommen, dabei unterschieden zwischen dem Nutzungswert der hauptsächlich zum Bewohnen und der zum Gewerbebetriebe bestimmten Gebäude, und sind beide in verschiedenen Spalten untergebracht. § 3, 4 Ges. v. 21. 5. 61, GS. S. 317. Nur für die den vorgedachten Zwecken dienenden Gebäude ist ein Nutzungswert ausgeworfen, § 5 a. a. O., während für die zu ihnen gehörigen wirtschaftlichen Nebengebäude z. B. Ställe, Scheunen, Niederlagen, ein solcher nicht ermittelt ist. Die einzelnen Gehöfte bzw. Gebäude sind in der Gebäudesteuerrolle unter fortlaufenden Nummern aufgenommen. Diese Nummern sind dauernd mit den Gebäudegrundstücken verbunden, verbleiben ihnen, auch wenn der Eigentümer wechselt, was bei dem Artikel der Mutterrolle, weil er Personalverzeichnis ist, nicht der Fall sein kann.

Die Übereinstimmung der Nummer der Gebäudesteuerrolle mit der Hausnummer ist nicht notwendig, sogar bei Gemeinden mit besonderen Straßen unmöglich. Zur näheren Bestimmung ist deshalb in der Gebäudesteuerrolle die ortsübliche Bezeichnung der Gebäude und Gehöfte mit oder ohne die Hausnummer aufgeführt, und zwar entweder nach der Art der Benutzung z. B. Bauerngut Nr. 1, Kossatengut Nr. 7, Gasthof zum Adler, Schule, Pfarre, Ziegelei oder, wenn eine besondere Benennung nicht vorhanden ist, die Straße und Hausnummer allein, z. B. Markt Nr. 3, Wilhelmstraße Nr. 23, bisweilen auch, namentlich wenn in kleinen Gemeinden Straßenbenennungen und Hausnummern nicht bestehen, einfach Haus, Hausbesitzung, Häuslerstelle Nr. 7.

## § 5. Fortführung der Karte und der Steuerbücher.

Den Katasterämtern liegt nicht nur die Führung der vorhandenen Karten und Steuerbücher ob, sondern sie haben dieselben auch mit der Wirklichkeit in Übereinstimmung zu erhalten, alle vorkommenden Änderungen nachzutragen, § 20 Verordnung v. 12. 12. 64. Für das von ihnen zu beobachtende Verfahren sind die Vorschriften des Finanzministers maßgebend, nämlich die Anweisungen I, II, III v. 21. 2. 96, die Geschäftsanweisung V v. 21. 2. 96 und VI v. 20. 3. 88, die Anweisungen VIII, IX und X v. 25. 10. 81.

Das Verfahren zur Erhaltung der Übereinstimmung wird Fortschreibung genannt. Über die im Laufe eines Jahres vorkommenden Änderungen ist ein Fortschreibungsprotokoll anzulegen und dessen Inhalt nach Ablauf des Jahres, sofern dieses zulässig, in die Flurbuchs- und Gebäudesteuerrollenanhänge aufzunehmen. Änderungen, die einen Eigentumswechsel betreffen, sind erst auf Grund der erforderlichen Grundbuchseintragungen definitiv aufzunehmen, bis dahin sind die Verhandlungen nur „vorläufige Fortschreibungsverhandlungen".

Von den Fortschreibungsverhandlungen kommen für den Grundbuchrichter hauptsächlich die auf Bestandsveränderungen beruhenden in Frage und ist hierzu besonders folgendes hervorzuheben:

1. Jede in ihrer Form veränderte oder neu entstandene Parzelle erhält eine neue Nummer. § 27 Nr. 1, Anw. II.

Die Änderung der Form wird häufig notwendig, weil sich bei einer stattgehabten Besichtigung oder Vermessung ergibt, daß die Karte nicht der Örtlichkeit entspricht, oder weil hauptsächlich bei Teilungen zwecks Veräußerung oder bei Vereinigung von besonderen Parzellen zu einer Gesamtparzelle eine Neubildung erfolgt. Die neuen Nummern werden in Bruchform gebildet, in welcher als Zähler die der Benennung der letzten Parzelle des betreffenden Kartenblatts folgende Zahl und als Nenner die Zahl der bisherigen Parzelle, der Stamm- oder Mutterparzelle, genommen wird.

Wenn sonach auf Kartenblatt 1 bisher 153 Parzellen vorhanden waren und für die bisherige Parzelle 7 wegen einer Formveränderung eine neue Nummer erforderlich wird, so erhält sie die Nr. 154/7. Wird sodann die Parzelle Nr. 24 in zwei Teile zerlegt, so erhalten die hierdurch entstandenen neuen Parzellen die Nrn. 155/24 und 156/24.

Die Fortnumerierung erfolgt auf jedem Kartenblatte besonders, so daß, wenn auf Kartenblatt 2 die Nr. 205 die letzte Parzelle ist und Nr. 32 in zwei Teile zerlegt wird, hier die neuen Nrn. 206/32 und 207/32 entstehen würden. Die Fortsetzung der Zahlen tritt auch ein, wenn eine bereits in Bruchform bezeichnete Parzelle weiter geteilt wird, so daß bei weiterer Teilung der obigen Parzelle 155/24, die neuen Teile 157/24, 158/24 usw. bezeichnet würden.

Die Bezeichnung der Mutterparzelle wird mithin auch bei späteren Teilungen beibehalten, so daß hierdurch der Ursprung und die Lage der Parzellen auf der Karte immer ersichtlich ist. Nur bei fortgesetzt starken Teilungen einer größeren Teilparzelle ist es zulässig, die Zählerbenennung der Teilparzelle bei den neuen Parzellen als Nenner zu verwenden, jedoch muß in solchen Fällen die Ziffer der Stammparzelle in Klammer beigefügt werden. Z. B. von Kartenblatt 1 ist die ursprüngliche Parzelle Nr. 9 mehrfach geteilt, und haben die Teilparzellen die Nrn. 336/9—347/9 erhalten, später wird Nr. 347/9 wiederum in drei Teile zerlegt, für deren Benennung die Zahlen 394, 395, 396 an der Reihe sind, so daß dieselben 394/9, 395/9, 396/9 zu bezeichnen wären, könnten dieselben in diesem Falle auch $\frac{394}{(9)347}$, $\frac{395}{(9)347}$, $\frac{396}{(9)347}$ benannt werden.

2. Wird eine neue Parzelle — Gesamtparzelle — aus Teilen verschiedener Stammparzellen gebildet, so gilt für den Zähler das vorstehend Gesagte, als Nenner wird aber nur die Bezeichnung einer der Stammparzellen genommen, und zwar in der Regel die der größeren, jedoch mit dem Zusatze ꝛc. usw. oder pp., um anzudeuten, daß sie nicht nur aus der Stammparzelle, dessen Bezeichnung der Nenner trägt, herrührt, 427/14 usw.

Die Bildung von Gesamtparzellen tritt am häufigsten bei Verbreiterung oder Geradelegung von Straßen und Eisenbahnen ein, wenn kleine Teile der angrenzenden Grundstücke den Straßen oder Eisenbahnen zugelegt werden oder umgekehrt. Wenn z. B. das Planum einer Straße auf Kartenblatt 1 die Parzellennummer 17 hat und von den angrenzenden Parzellen 5 und 22 kleine Teile zur Geradelegung notwendig werden, so würden, wenn die letzte Parzelle auf Kartenblatt 1 die Nr. 172 hätte, demnach folgende neuen Parzellen entstehen: Parzelle 173/5 und 174/22, nämlich für die Restbestände der Parzellen Nr. 5 und 22 und 175/17 usw. als künftige Gesamtparzelle. Die letztere setzt sich zusammen aus der früheren Parzelle 17 und aus den hinzukommenden Teilen von Nr. 5 und 22, die im Steuerbuchsauszuge, bei den Teilen von Nr. 5 und 22 schon zwecks Auflassung einzeln darzustellen sein würden als

a) zu 175/17 usw. aus Nr. 17;
b) zu 175/17 usw. aus Nr. 5;
c) zu 175/17 usw. aus Nr. 22.

In dieser Form sind die zu b und c gedachten Trennstücke auf das neue Blatt zu übertragen, hier aber demnächst als Parzelle 175/17 usw. (unter Weglassung des Wortes zu) zu vereinigen.

Die Zuparzellen haben sonach nur einen vorübergehenden, lediglich den Grundbuchzwecken dienenden Bestand, hören aber sonst auf, einen besonderen Rechtsgegenstand zu bilden, können deshalb nicht verschieden belastet sein, die verschiedene Belastung bildet vielmehr unter allen Umständen ein Hindernis für die Bildung von Gesamtparzellen. §§ 1095, 1106, 1114 BGB.

3. Die Fortschreibung kann auch in der Änderung der Kulturart bestehen, z. B. Umwandlung von Ackerland in eine Baustelle. Wenn hierbei eine Änderung der Form nicht eintritt, oder die Änderung nicht nur teilweise erfolgt, ist eine Neunumerierung nicht erforderlich. Dieses ist auch dann nicht der Fall, wenn sich auf Grund einer Vermessung nur die Unrichtigkeit des Flächeninhaltes ergibt, die in der Karte eingezeichneten Umfangsgrenzen aber unverändert bleiben.

4. Dagegen ist eine neue Nummer aufzunehmen, wenn ein neues, bisher als solches nicht besonders kartiertes Grundstück entstanden ist, z. B. durch Alluvion aus einem Flusse. Hier wird der Zähler, wie gewöhnlich, bestimmt, als Nenner aber die Nummer der nächsten Parzelle eingesetzt, derselben jedoch zur Kenntlichmachung, daß die neue Parzelle nicht aus ihr stammt, sie mithin nicht die Stammparzelle ist, der Buchstabe O (Orientierungsnummer) beigefügt, z. B. $\frac{214}{\text{O. }12}$.

5. Die Fortschreibungen bei der Gebäudesteuerrolle bestehen hauptsächlich im Wegfall bisheriger oder Neuaufnahme errichteter Gebäude mit dem für sie angesetzten Nutzungswert, oder in Verringerung und Erhöhung des letzteren infolge Umgestaltung der Gebäude, oder endlich in Änderung der Bezeichnung der Hausbesitzungen infolge der Neueinführung von Straßenbenennungen.

Die Umwandlung der Grundflächen z. B. von Acker in Hofraum oder die Vermessung der bisher zu den ungetrennten Hofräumen gehörigen Grundflächen und Abtrennungen von Teilen wird zunächst nur durch die Flurbuchsanhänge nachgewiesen, nicht in die Gebäudesteuerrollenanhänge übernommen. Sobald jedoch die Gebäudesteuerrolle erneut wird, was in Zwischenräumen von 15 Jahren erfolgt, werden in der neuen Gebäudesteuerrolle sämtliche Veränderungen aufgenommen und die einzelnen Gebäudegrundstücke und ihre Grundflächen dem zu dieser Zeit vorhandenen Stande entsprechend dargestellt.

## § 6. Verbindung der Grund- und Steuerbücher.

Bei Einführung der Preußischen Grundbuchgesetze vom 5. Mai 1872 wurde, soweit dies nicht bereits, wie z. B. in der Provinz Westfalen geschehen war, eine Verbindung des Grundbuches mit den Steuerbüchern angeordnet und zur Ermittelung und Bezeichnung der Grundstücke den Grundbuchämtern beglaubigte Abschriften der Flurbücher und Gebäudesteuerrollen mitgeteilt. § 4 Pr. GBO.

Auf Grund dieser Abschriften ist sodann die Zurückführung der Grundbücher auf die Steuerbücher, insbesondere nach Maßgabe der Allg. Verf. v. 2. 9. 72, JMBl. S. 178, bewirkt. Weiter wurde hauptsächlich durch die Katasteranweisungen und die später auch auf die noch übrigen Gebiete ausgedehnte Allg. Verf. v. 5. 6. 77, JMBl. S. 103 die Aufrechterhaltung dieser Übereinstimmung vorgeschrieben.

Nach diesen durch § 29 AV. auch für das gegenwärtige Recht maßgebenden Vorschriften haben Grundbuchamt und Katasteramt sich wechselseitig die bei ihnen vorgekommenen, für das andere Amt wesentlichen Änderungen in bestimmt vorgeschriebenen Listen mitzuteilen. Das Grundbuchamt hat das Katasteramt insbesondere von dem eingetretenen Eigentumswechsel, der Übertragung von Grundstücken auf ein anderes Blatt, z. B. infolge Anlegung eines gemeinschaftlichen Blattes, Vereinigungen oder Zuschreibungen als Bestandteil, Umschreibung unübersichtlicher Grundbuchblätter, in Kenntnis zu setzen, und das Katasteramt hat dem Grundbuchamte von allen bei ihm vorgekommenen Fortschreibungen, z. B. Teilungen und Neunumerierung von Parzellen, Abbruch und Neuerrichtung und Neuveranlagung von Gebäuden Mitteilung zu machen und zwar, da die Listen als Unterlagen zu Grundbuchseintragungen dienen sollen, unter amtlicher Bescheinigung der Richtigkeit.

Das andere Amt hat sodann in eine Prüfung einzutreten und die Berichtigung vorzunehmen, anderenfalls Aufklärung herbeizuführen zu versuchen. Jedenfalls darf der Grundbuchrichter die widersprechenden Angaben der katasteramtlichen Nachrichten erst nach Beseitigung dieser Widersprüche, bei Verschiedenheit der Eigentumsangaben erst nach erfolgter Auflassung in das Grundbuch aufnehmen.

In den Grundbüchern wird die Eintragung von Änderungen hauptsächlich auf Grund der jährlich den Grundbuchämtern zugehenden Flurbuchs- und Gebäudesteuerrollenanhänge zu bewirken sein. Dieselben werden sich ohne Besorgnis von Unübersichtlichkeit der Regel nach durch Unterröten der bisherigen und Darüberschreiben der veränderten Angaben, z. B. Änderung der Parzellen oder des Reinertrages bei Liegenschaften, der Hausnummer oder des Nutzungswertes bei Gebäuden, anbringen lassen, jedoch wird über die Änderung nach § 8 Abs. 3 Nr. 5 AV. in Sp. 12

ein gemäß Art. 6 AG. z. GBO. und § 45 GBO. mit Datum und Unterschrift versehener Vermerk anzubringen und die Anbringung desselben in den einzelnen Akten zu verfügen sein. Mit Rücksicht hierauf hat der Grundbuchrichter die Richtigkeit der Eintragung mit zu vertreten, er wird deshalb die dem Gerichtsschreiber übertragene Bearbeitung der Anhänge unter allen Umständen nachzuprüfen haben.

## § 7. Rechtsgeschäftlicher Erwerb des Eigentums, Auflassung.

Außer der stets notwendigen Eintragung, als welche sich auch die Löschung darstellt, ist nach der materiellrechtlichen Vorschrift des § 873 BGB. zur **rechtsgeschäftlichen** Übertragung des Eigentums an einem Grundstücke, zur Begründung oder Übertragung der Rechte an Grundstücken oder zur Belastung solcher Rechte die **Einigung** der Beteiligten, zur Aufhebung dieser Rechte mindestens die Erklärung der **Aufgabe** § 875 seitens des Berechtigten erforderlich.

Das formelle Grundbuchrecht verlangt jedoch den Nachweis der Einigung nur für Begründung und Übertragung des Eigentums an Grundstücken und denselben gleichgestellten Rechten, insbesondere des Erbbaurechts, erklärt sonst überall die **Eintragungsbewilligung,** § 19 GBO., und den Eintragungsantrag, § 13 GBO., für ausreichend. Die Einigung bleibt für die Entstehung des Rechts zwar auch hier Erfordernis, braucht aber dem Richter nicht nachgewiesen werden, kann daher der Eintragung nachfolgen und formlos geschehen.

Die beim Eigentum und demselben gleichgestellten Rechten zum rechtsgeschäftlichen Erwerb vorgeschriebene Einigung, die Auflassung, ist ein für sich bestehender, selbständiger, dinglicher Vertrag, der von dem ihr zugrunde liegenden obligatorischen Rechtsgeschäfte, Kaufvertrag, Tauschvertrag, Erbauseinandersetzung, völlig unabhängig ist.

Zur Entgegennahme der Auflassung sind, § 925 BGB., grundsätzlich nur die Grundbuchämter, mithin nach Art. 1 AG. z. GBO. in Preußen die Amtsgerichte zuständig, im rheinischen Rechte jedoch auf Grund des Vorbehaltes in Art. 143 EG. z. BGB. nach Art. 26 AG. z. BGB., neben den Amtsgerichten auch die Notare.

Die Zuständigkeit des Grundbuchrichters ist auf die in seinem Amtsbezirke belegenen Grundstücke beschränkt, jedoch ist die Gültigkeit hiervon nicht ausdrücklich abhängig, namentlich die Auflassung durch einen bei demselben Amtsgerichte beschäftigten Richter wirksam s. auch § 1 Nr. 3. Die Auflassung muß von dem gleichzeitig anwesenden Veräußerer und Erwerber erklärt werden, zeitlich auseinanderliegende Erklärungen beider sind nichtig. Joh. Bd. 22 S. A 146. Eine Vertretung ist zulässig, jedoch muß dieselbe in der Form des § 29 GBO. nachgewiesen werden.

Ist einer der Beteiligten durch rechtskräftiges Erkenntnis zur Abgabe oder Entgegennahme der Auflassungserklärung verurteilt, so muß der andere Beteiligte vor dem Grundbuchamte erscheinen, und seinerseits die Einigung unter Vorlegung des Urteils erklären; eine notarielle Erklärung reicht nicht aus. Joh. Bd. 21 S. A 297.

Über die Einigung ist nach § 168ff. FG. ein Protokoll aufzunehmen. Der Mitwirkung von Zeugen oder eines Gerichtsschreibers bedarf es, abgesehen von den Ausnahmefällen (Gebrechliche) nicht, jedoch kann der Grundbuchrichter nach Art. 2 Abs. 2 Pr. FG. einen Gerichtsschreiber zuziehen. Für den Nachweis der Einigung reicht die Erklärung der Beteiligten, daß sie „darüber einig sind, daß das Eigentum an dem fraglichen Grundstücke auf den Erwerber übergehen soll", aus, einer ausdrücklichen Bewilligung der Eintragung, die in § 2 Pr. Eigent.-Erw.-Ges. vorgeschrieben war, bedarf es nicht, wohl aber ist der Antrag erforderlich. Joh. Bd. 24 S. A 232.

Die Eintragung des Eigentumsüberganges braucht sich nicht, wie nach § 48 Pr. GBO. der Auflassung anzuschließen, im Gegenteil muß der Grundbuchrichter auf Verlangen die Auflassung entgegennehmen, auch wenn die Eintragung zur Zeit noch nicht bewirkt werden kann, weil z. B. Legitimationsurkunden, Testament, Erbschein, Vollmacht fehlen, deren Nachbringung in Aussicht gestellt wird. Joh. Bd. 26 S. 313. Er wird in solchen Fällen zur Kontrolle und behufs Erledigung der Sache zweckmäßig den Beteiligten eine geeignete Frist zur Nachbringung mit der Verwarnung kostenpflichtiger Zurückweisung des Antrages auf Eintragung des Eigentumswechsels stellen.

Auch wenn sich erst nach Entgegennahme der Auflassung ein Mangel herausstellt, ist Zurückweisung oder Erlaß einer Zwischenverfügung im Sinne des § 18 GBO. zulässig. — Der Auflassung darf eine Bedingung oder Befristung nicht hinzugefügt werden. § 925 Abs. 2 BGB.

Nur der eingetragene Eigentümer kann nach § 40 Abs. 1 GBO. die Auflassung erklären, er muß deshalb, wenn das aufzulassende Grundstück noch nicht gebucht ist, vorher erst seine Eintragung veranlassen. Joh. Bd. 26 S. A 115.

Die Erben des eingetragenen Eigentümers, und zwar auch der Alleinerbe, § 41 Abs. 1 GBO. und die Separationsinteressenten, § 8 d. Ges. v. 2. 4. 87, können jedoch, ohne als Eigentümer eingetragen zu sein, auflassen. Die vorgedachte Berechtigung der Erben steht selbstverständlich auch den Erbeserben zu. Joh. Bd. 26 S. A 96.

## § 8. Besondere Fälle des Eigentums.

1. Mehreren Eigentümern steht Miteigentum entweder nach Bruchteilen oder zur gesamten Hand zu, welche Art vorliegt, soll im Grundbuche eingetragen werden. § 48 GBO.

Beim Miteigentum nach Bruchteilen hat der Eigentümer volle Verfügung über seinen Anteil, er kann denselben frei, ohne Mitwirkung der Eigentümer, auflassen und belasten. § 747, 1008 ff. BGB., vorausgesetzt jedoch, daß der Anteil im Grundbuche eingetragen ist. Joh. Bd. 21 S. A 110.

Sind die Bruchteile im Grundbuche nicht aufgenommen, wie das bei Eigentumserwerb vor 1900 wegen des Fehlens einer dem § 48 GBO. entsprechenden Vorschrift fast regelmäßig der Fall ist, so muß, wenn ein Miteigentümer über seinen Anteil durch Auflassung oder Belastung verfügen will, zunächst die Eintragung der Bruchteile bewirkt werden. Hierzu ist grundsätzlich eine wechselseitige Auflassung seitens der sämtlichen Miteigentümer notwendig.

Von der Auflassung kann aber abgesehen werden, wenn in der der Eintragung zugrunde liegenden Verhandlung (Auflassung oder bei Eigentumserwerb vor dem 1. 10. 72 gerichtlicher oder notarieller Vertrag) das Eigentum ausdrücklich nach Bruchteilen übertragen und nur die Eintragung dieser Teile, weil nicht vorgeschrieben, unterlassen ist. In solchen Fällen handelt es sich lediglich um eine ergänzende Berichtigung der Eigentumseintragung, für welche nach § 22 Abs. 2 GBO. der durch die Bezugnahme auf die zugrunde liegende Verhandlung geführte Nachweis und der Antrag auf Vornahme der Berichtigung ausreicht. Der Antrag muß aber, § 22 Abs. 2, von sämtlichen Miteigentümern und in der Form des § 29 GBO. gestellt werden.

Enthält die zugrunde liegende Verhandlung die Quoten nicht, so kann eine nachträgliche Eintragung derselben ohne Auflassung nur dann erfolgen, wenn die sämtlichen Miteigentümer sie beantragen und dabei gerichtlich oder notariell wechselseitig anerkennen, daß sie von Hause aus Miteigentum zu den anzugebenden Bruchteilen erworben und seitdem gehabt haben und wenn weiter die vom Grundbuchrichter an der Hand der Akten vorgenommene Prüfung der Sachlage diese Angabe entweder bestätigt oder wenigstens keine entgegenstehenden Umstände ergibt. Joh. Bd. 25 S. A 134.

Eine Bestätigung würde z. B. anzunehmen sein, wenn nach dem der Auflassung zugrunde liegenden obligatorischen Rechtsgeschäfte, Kaufvertrag, Erbauseinandersetzungsvertrag, in dessen Durchführung der Eigentumserwerb stattgefunden hat, die Überlassung zu den angegebenen Teilen ausdrücklich vereinbart ist, oder wenn die vereinbarten Gegenleistungen den bezeichneten Quoten entsprechen.

Auf die im § 2 Teil I Tit. 17 ALR. und § 742 BGB. ausgesprochene Vermutung, daß im Zweifel jeder Eigentümer an der gemeinschaftlichen Sache gleiches Recht, hier den gleichen Anteil habe, können sich die Miteigentümer nicht berufen, da für den Grundbuchrichter gesetzliche Vermutungen wegen ihrer Widerlegbarkeit keine Bedeutung haben, namentlich nicht als Unterlage einer Grundbuchseintragung dienen können. Joh. Bd. 25 S. A 134.

2. Miteigentum zu gesamter Hand kommt nach der Denkschrift zu § 46 nur in Frage bei Gesellschaft, ehelicher Gütergemeinschaft, fortgesetzter Gütergemeinschaft und Miterbengemeinschaft. Die Miteigentümer können das ihnen gehörige Grundstück nur gemeinschaftlich auflassen, während der einzelne Teilhaber der Gemeinschaft weder über das ganze Grundstück noch über einen entsprechenden Anteil an demselben durch Auflassung oder Belastung verfügen kann, ebensowenig kann ein Anteil desselben im Wege der Zwangsvollstreckung belastet werden. Joh. Bd. 21 S. A 110.

Wechselseitige Umwandlung bei den Eigentumsarten erfordert als Eigentumswechsel stets Auflassung, z. B.

a) Die Mitglieder einer Aktiengesellschaft oder einer anderen juristischen Person können ihre Grundstücke derselben nur durch Auflassung zuführen. (Ausnahme Fusion von Aktiengesellschaften Joh. Bd. 28 S. A 148, Bd. 35 S. A 289, Bd. 38 S. A 230.

Dasselbe ist auch der Fall bei der keine juristische Person bildenden offenen Handelsgesellschaft zur Übertragung der Grundstücke der einzelnen Mitglieder an die Gesellschaft und umgekehrt, zur Übertragung der Gesellschaftsgrundstücke an die einzelnen Gesellschafter, selbst wenn die Gesellschaft schließlich nur noch aus einer Person besteht. Joh. Bd. 22 S. D 23, Bd. 24 S. A 109.

Auch Miterben können die ihnen gehörigen Grundstücke einer offenen Handelsgesellschaft, deren Mitglieder sie allein sind, nur durch Auflassung übertragen, da selbst in diesem Falle Eigentumswechsel vor sich geht, weil dieselben Personen zwei voneinander unabhängige und verschiedene Rechtssubjekte darstellen, die gegeneinander Rechte und Pflichten erwerben können. Es kann z. B. auf den anderweiten Grundstücken der offenen Handelsgesellschaft für die Miterbengemeinschaft trotz der Personeneinheit eine Hypothek eingetragen werden und umgekehrt. Joh. Bd. 28 S. A 251.

b) Miterben können vor durchgeführter Auseinandersetzung nur als Miteigentümer zur ungeteilten Erbengemeinschaft eingetragen werden, da sie die einzelnen Nachlaßgegenstände nur gemeinschaftlich besitzen. § 2032 BGB. Die in dem Erbscheine oder Testamente angegebenen Bruchteile sind für den Grundbuchrichter belanglos, da sie nur den Bruchteil des Erben an dem gesamten Nachlasse, nicht an den einzelnen Nachlaßgegenständen angeben. Eine Eintragung nach Bruchteilen kann auch bei ihnen nur durch wechselseitige Auflassung herbeigeführt werden.

Ebenso reicht die Erbauseinandersetzungsverhandlung zur Übertragung des Eigentums an den den einzelnen Miterben zugewiesenen

Nachlaßgegenständen nicht aus, sondern bildet nur das obligatorische Rechtsgeschäft, dem zur vollständigen Eigentumsübertragung noch die in den Gesetzen vorgeschriebene Übertragungsart hinzutreten muß, z. B. Auflassung bei Grundstücken, Abtretung bei Hypotheken.

c) Ein Miterbe kann nach § 2033 Abs. 2 BGB. über seinen Anteil am gesamten Nachlasse verfügen, denselben insbesondere veräußern. Diese Veräußerung, welche gerichtlich oder notariell beurkundet (nicht nur beglaubigt) werden muß, hat dingliche Wirkung, führt mithin den Übergang des vollen Eigentums am Nachlasse herbei, so daß der Erwerber an Stelle des Veräußerers in die Erbengemeinschaft eintritt, an seiner Stelle auf Verlangen auch im Grundbuche bei den zum Nachlasse gehörigen Grundstücken eingetragen werden muß.

Dem Alleinerben steht dagegen das Veräußerungsrecht mit dinglicher Wirkung nicht zu, der von ihm geschlossene Vertrag ist nach § 2371 BGB. nur ein obligatorisches Rechtsgeschäft, dem noch die Auflassung hinzutreten muß. Joh. Bd. 26 S. A 311, Bd. 28 S. A 285.

d) Mehrere Erben können einem von ihnen oder einer dritten Person dadurch die Stellung eines Universalerben geben, daß ihm jeder einzelne in derselben oder in verschiedenen Urkunden sein Erbrecht überträgt. Diese Übertragungen haben jedoch nur dann dingliche Wirkung, wenn ersichtlich ist, daß jeder einzelne Miterbe selbständig für sich veräußert hat (nicht alle zusammen einheitlich). Es wird dieses namentlich dann anzunehmen sein, wenn nicht ein Gesamtpreis, sondern für jeden einzelnen Miterben ein besonderes Entgelt vereinbart ist, mögen die Beträge auch gleich sein. Joh. Bd. 26 S. A 312. In diesem Falle ist die Auflassung entbehrlich, der Erwerber ist auf seinen Antrag, § 29 GBO., an Stelle der Erbengemeinschaft im Grundbuche als Alleineigentümer einzutragen.

Einer Auflassung bedarf es insbesondere in den häufig vorkommenden Fällen der Erbauseinandersetzung eines Elternteiles mit den hinterbliebenen Kindern des anderen nicht, wenn dem noch lebenden Ehegatten der gesamte Nachlaß gegen die Verpflichtung zur Entschädigung der einzelnen Miterben zur aktiven und passiven Vertretung überlassen wird. Joh. Bd. 26 S. A 113.

e) Der Auflassung bedarf es weiter nicht, wenn ein unter der Herrschaft des früheren Rechts abgeschlossener Erbschaftskauf vorgelegt wird, da dieser zum Unterschiede von § 2371 BGB. nach § 456, 471 Teil I Tit. 11 ALR. dingliche Kraft hatte, so daß auf Grund desselben die Eigentumseintragung erfolgen durfte, was gemäß Art. 181 EG. z. BGB. auch bei erst jetzt verlangter Eintragung zu gelten hat.

f) Endlich wird auch der Vermächtnisnehmer des früheren Rechtes ohne Auflassung eingetragen werden müssen. Denn im Gegensatze zu § 2174 BGB., nach welchem jetzt der Vermächtnisnehmer nur einen persönlichen Anspruch gegen den Erben auf Herausgabe erhält, erwarb der Legator des alten Rechtes nach § 288 Teil I Tit. 12 ALR. Eigentum an dem ihm vermachten Gegenstande, jedoch konnte seine Eintragung nach § 53 PGBO. nur mit Zustimmung der sämtlichen Erben in öffentlicher Form erfolgen. Dieses Erfordernis muß, wenn der Erblasser, Art. 213 EG. z. BGB., bereits vor dem 1. Januar 1900 verstorben ist, im Hinblick auf Art. 181 und 212 EG. z. BGB. auch jetzt noch für ausreichend erachtet werden.

## § 9. Erfordernisse des Auflassungsprotokolls.

Die Auflassung ist ein Akt der freiwilligen Gerichtsbarkeit, sie unterliegt deshalb den für die Beurkundung der Rechtsgeschäfte allgemein in § 167 ff. FG. und Art. 40 ff. Pr. FG. erlassenen Vorschriften.

1. Das Auflassungsprotokoll muß deshalb die Erfordernisse des § 176 FG. enthalten, verliert mithin seine Eigenschaft als öffentliche Urkunde, wenn es außer dem Ort und Tage der Verhandlung, der Erklärung der Beteiligten sowie deren Bezeichnung nicht auch die sonstigen mitwirkenden Personen aufführt. Zu den letzteren gehört namentlich der beurkundende Richter bzw. Notar. Derselbe ist grundsätzlich in der Verhandlung selbst mit aufzunehmen, — Es erschienen vor dem Amtsrichter N. — jedoch kann die in dem preußischen amtlichen Auflassungsformulare befindliche Aufführung oben neben dem Datum

Gegenwärtig N. Amtsrichter als Richter

für ausreichend gelten, nur ist dann diese Angabe als Teil des Protokolles zu betrachten und mit vorzulesen.

Die Unterschrift allein kann die vorgeschriebene Bezeichnung nicht ersetzen, ist nur dann als genügend anzusehen, wenn im Protokolle auf die nachfolgende Unterschrift Bezug genommen ist, z. B. Es erschienen vor dem unterzeichneten Richter. Joh. Bd. 23 S. A 168.

2. Weiter soll das Protokoll eine Angabe darüber enthalten, ob die Beteiligten dem Richter bzw. Notar bekannt sind, oder wenn dieses nicht der Fall, auf welche Weise er sich Gewißheit über ihre Persönlichkeit verschafft hat. Dabei genügt die Angabe der Beweismittel nur allgemein, z. B. durch Zeugen, Urkunden, Sachkenntnis usw. nicht, es muß vielmehr eine ausführliche Angabe der Beweismittel aufgenommen werden. Ist dieses nicht geschehen, so wird eine Urkunde zwar nicht unwirksam, es muß aber, bevor sie beachtet werden darf, die Identität festgestellt werden. Joh. Bd. 31 S. A 245.

Am bequemsten wird sich der Ausweis der Persönlichkeit durch die Vorstellung eines dem beurkundenden Beamten der Person nach und als zuverlässig bekannten Zeugen bewerkstelligen lassen, andernfalls läßt sich die Identität nachweisen durch Reisepaß, Militärpaß, an den betreffenden Beteiligten gerichtete Benachrichtigungen des Gerichts, für ihn ausgestellte und in seinem Besitze befindlichen Hypothekenbriefe oder Sparkassenbücher usw., unter Umständen durch Schriftvergleichung unter Benutzung der in den Akten befindlichen, von ihm herrührenden Unterschriften.

Der Vermerk wird dem Gesetze entsprechend etwa dahin zu lauten haben:

Die Persönlichkeit des Erschienenen ist durch Vorstellung des persönlich bekannten Bureauvorstehers

oder

durch Vorlegung des für ihn am . . . durch den Kgl. Landrat zu . . . ausgestellten Reisepasses

oder

durch Vorlegung des für ihn ausgefertigten Hypothekenbriefes über die im Grundbuche Band . . . Blatt . . . eingetragene Hypothek für zur Gewißheit festgestellt erachtet.

Ein Vermerk dahin:

Der Erschienene legitimierte sich durch Sachkenntnis,

oder

ist glaubhaft bekannt geworden,

entspricht den Vorschriften des § 176 FG. nicht, reicht deshalb keinesfalls aus. Joh. Bd. 20 S. A 177, Bd. 23 S. A 5.

Erlangt der Richter oder Notar die Gewißheit über die Persönlichkeit der oder eines Beteiligten nicht, so hat er auf Verlangen trotzdem die Auflassungsverhandlung entgegenzunehmen, jedoch seine Erhebungen und Bedenken hinsichtlich der Identität im Protokolle zu vermerken. Eine Eintragung ist auf Grund dieser Verhandlung erst zulässig, wenn die Bedenken beseitigt, die Persönlichkeiten zur Gewißheit festgestellt sind, wozu den Beteiligten gemäß § 18 GBO. eine bestimmte, womöglich mit ihnen vereinbarte Frist unter Androhung der Zurückweisung gestellt werden kann.

3. Der Richter bzw. Notar hat sich auch von der Geschäftsfähigkeit der Beteiligten zu überzeugen. Ist dieselbe vorhanden, so bedarf es eines Vermerkes in dem Protokolle nicht, wohl aber muß, wenn Bedenken gegen die Geschäftsfähigkeit vorliegen, dieses im Protokoll festgestellt werden. Art. 40 Pr. FG.

Hinsichtlich der Notwendigkeit der Aufnahme und Benutzung des Protokolls zur Eintragung gilt dasselbe wie vorstehend zu 2 Abs. 4.

Fehlt dem Erschienenen die Geschäftsfähigkeit vollständig, so ist die Aufnahme der Verhandlung abzulehnen.

4. Das Protokoll muß (§ 177 FG.) vorgelesen, von den Beteiligten genehmigt und eigenhändig unterschrieben, und daß dieses geschehen, im

Protokolle vermerkt werden. In der Regel werden hierzu die vorgedachten, im Gesetze gegebenen Worte gebraucht, jedoch würde die Fassung des Vermerkes nur dahin:

„Vorgelesen, genehmigt, unterschrieben“

eine Nichtigkeit nicht herbeiführen, Joh. Bd. 20 S. A 128, ja sogar die Benutzung der Anfangsbuchstaben dieser drei Worte V. g. u. kann für ausreichend angesehen werden, da der Gebrauch dieser Buchstaben von alters her üblich, und ihre Anwendung deshalb keinerlei Zweifel aufkommen läßt. Joh. Bd. 25 S. A 54.

Es empfiehlt sich jedoch die Gesetzesworte zu benutzen, um so mehr als sie einen Teil des Protokolls bilden, deshalb mit vorgelesen werden müssen und wenigstens für Notare in Art. 64 Pr. FG. Abkürzungen ausdrücklich verboten sind.

Auf Verlangen (§ 177 FG.) soll dem Beteiligten das Protokoll zur Durchsicht vorgelegt werden, hierdurch wird aber die zwingende Vorschrift des Vorlesens nicht ersetzt.

5. Endlich muß das Protokoll von den mitwirkenden Personen unterschrieben werden. § 177 Abs. 3 FG.

Als solche kommen in Betracht:

a) der beurkundende Richter oder Notar. Die Beifügung des Amtstitels ist, sofern sie im Protokolle bereits vorhanden, nicht erforderlich, sonst hinzuzufügen;

b) die in den gesetzlich vorgeschriebenen Fällen, insbesondere bei gebrechlichen, des Schreibens oder der Sprache unkundigen Personen zugezogenen Zeugen bzw. Dolmetscher oder der statt ihrer der zugezogene Gerichtsschreiber bzw. zweite Notar.

Der Rekognitionszeuge gehört nicht zu den mitwirkenden Personen, seine Unterschrift ist deshalb weder unter dem Protokolle noch unter dem Rekognitionsvermerke notwendig, indessen zur Ausschließung künftiger Zweifel zweckmäßig. Joh. Bd. 21 S. A 188.

6. a) Ist einer der Auflassungsbeteiligten nach der **Überzeugung** des Richters bzw. Notors blind, taub, stumm oder sonst zurzeit am Sprechen behindert, so muß der Richter als mitwirkende Personen einen Gerichtsschreiber oder zwei ihm bekannte Zeugen, der Notar einen zweiten Notar oder ebenfalls zwei Zeugen zuziehen, § 169 FG., und gegebenenfalls schriftlich verhandeln. Die dauernde Anwesenheit der zugezogenen Personen ist nicht erforderlich, jedoch müssen dieselben bei der Vorlesung, Genehmigung und Unterzeichnung des Protokolles zugegen sein, § 174 FG., auch das Protokoll mit vollziehen. Die Überzeugung des Richters ist ausschlaggebend, nicht die Erklärung des Beteiligten.

b) Ist mit einem Stummen oder Taubstummen nach der ebenfalls maßgebenden **Überzeugung** des Beurkundenden eine schriftliche Verständigung nicht möglich, so ist ein vereideter Dolmetscher zuzuziehen. Der weiteren Zuziehung von Zeugen oder des Gerichtsschreibers bedarf es dann nicht. § 178 FG.

Der Dolmetscher muß selbstverständlich während der ganzen Verhandlung zugegen sein, hat das Protokoll zu genehmigen und zu unterschreiben.

c) Kann ein Tauber oder Taubstummer, wiederum nach der **Überzeugung** des Beurkundenden, Geschriebenes nicht lesen und ist deshalb mit ihm eine schriftliche Verhandlung nicht möglich, so ist (Art. 41 Abs. 2 Pr. FG.) neben dem Zeugen, Gerichtsschreiber oder Notar eine Vertrauensperson zuzuziehen, als welche auch der Gerichtsschreiber oder einer der Zeugen auftreten können. Die Vertrauensperson hat das Protokoll mit zu vollziehen.

Dem tauben Beteiligten soll das Protokoll selbst zum Durchlesen vorgelegt und dieses in demselben vermerkt werden. Die Vorlesung hat gleichwohl zu erfolgen.

d) Die Überzeugung des Richters usw., die Zuziehung der Zeugen usw., des Dolmetschers oder der Vertrauensperson ist überall im Protokolle aufzunehmen. Ist der Dolmetscher nicht ein für allemal vereidigt so ist seine Beeidigung zu bewirken, jedoch kann der Beteiligte hierauf verzichten.

7. **Erklärt** ein Beteiligter, daß er schreibensunkundig sei, so ist, § 177 Abs. 2 FG., bei der Vorlesung und Genehmigung des Protokolls ein Schreibzeuge zuzuziehen, der dasselbe statt seiner zu unterschreiben hat. Anbringung von Handzeichen des Schreibensunkundigen ist nicht erforderlich. In diesem Falle ist die Erklärung des Betreffenden, die auch im Protokoll festzustellen ist, entscheidend. Joh. Bd. 20 S. A 130.

8. Ist ein Beteiligter der deutschen Sprache nicht mächtig, so ist ein vereideter Dolmetscher zuzuziehen, außer wenn der Richter oder Notar der Sprache des Beteiligten mächtig sind. § 179 FG.

Maßgebend für die Zuziehung eines Dolmetschers ist hier sowohl die Erklärung des Betreffenden, als auch die auf Grund derselben gewonnene Überzeugung des Beurkundenden. § 179 Abs. 1 u. 3 FG. Beides muß im Protokoll aufgenommen werden. Das in deutscher Sprache aufgenommene Protokoll muß dem Beteiligten durch den Dolmetscher oder Richter und Notar in der fremden Sprache vorgetragen werden und, daß dies geschehen, im Protokolle aufgenommen werden.

Dem Dolmetscher ist das Protokoll vorzulesen, er hat es mit zu unterschreiben. Joh. Bd. 22 S. A 19.

Wegen Beeidigung gilt dasselbe, wie bei N. 6 d.

## § 10. Erwerb und Veräußerung dinglicher Rechte, Bewilligung.

1. Abgesehen von den Fällen der notwendigen Auflassung ist zur Begründung, Änderung und Aufhebung dinglicher Rechte der Nachweis der in § 873 BGB. für das materielle Recht vorgeschriebenen Einigung nicht erforderlich, es soll vielmehr für die Eintragung nach § 19 GBO. eine Bewilligung ausreichen. Diese kann aber nur berücksichtigt werden, wenn sie von demjenigen erklärt wird, dessen Recht durch die bezweckte Eintragung eine Einbuße erleidet, dem Passivbeteiligten, und der als Berechtigter im Grundbuche eingetragen ist. § 40 Abs. 1 GBO. Joh. Bd. 23 S. A 115.

Der Gebrauch des Ausdrucks „bewilligen" ist nicht erforderlich, es genügen Wendungen, wie: ich bitte, beantrage, ersuche, jedoch müssen dieselben den auf die betreffende Eintragung gerichteten Willen unzweideutig ergeben. Joh. Bd. 21 S. A 281.

Die Bewilligung bedarf der Form des § 29 GBO., muß mithin vor dem Grundbuchamte zu Protokoll erklärt oder durch öffentliche oder öffentlich beglaubigte Urkunde nachgewiesen werden. Die betreffende Vorschrift ist zwar nur Sollvorschrift, indessen hat der Grundbuchrichter auch solche zu beachten. Eine ohne die vorgeschriebene Form bewirkte Eintragung z. B. einer Hypothek oder eines Altenteils auf Grund einer nur privatschriftlichen Bewilligung, ist aber nicht unwirksam, vorausgesetzt jedoch, daß die materielle Grundlage für das Recht, nämlich die an keine Form gebundene Einigung vorhanden ist.

2. Wird die Bewilligung vor dem Grundbuchrichter zu Protokoll erklärt, so gilt für die Aufnahme dasselbe wie bei der Auflassung s. § 9. Der Grundbuchrichter ist als solcher zunächst nur zur Aufnahme derjenigen Erklärungen zuständig, aus welchen er selbst eine Eintragung in den von ihm geführten Grundbüchern zu bewirken hat. Sollen jedoch auf Grund der Bewilligungen auch noch Eintragungen in anderen Grundbüchern vorgenommen werden z. B. die Eintragung einer Gesamthypothek auch bei auswärtigen Grundstücken, so ist er hierzu nicht nur ebenfalls zuständig, sondern sogar verpflichtet. Das Protokoll hat er aber nach Art. 42 Pr. FG. unter allen Umständen bei seinen Akten zurückzubehalten, muß mithin dem andern Gerichte eine Ausfertigung übersenden, gegebenenfalls mit dem Hypothekenbriefe.

3. Zur Aufnahme der in öffentlicher Urkunde abzugebenden Bewilligung sind, Art. 31 Pr. FG., in erster Linie die Amtsgerichte, nämlich der Richter der freiwilligen Gerichtsbarkeit und die Notare berufen, und zwar in Preußen, da von dem Vorbehalte des Art. 141 EG. z. BGB. kein Gebrauch gemacht ist, in gleichem Umfange. Beide sind auch örtlich nicht

beschränkt. Für die Aufnahme der Erklärung in protokollarischer Form gilt auch hier dasselbe wie für die Auflassungen. § 9.

Mit Rücksicht darauf, daß die beurkundenden Personen nach Art. 42 Pr.FG. die Urschriften der Protokolle ebenfalls zu verwahren haben, werden sie dem Grundbuchamte eine mit Siegel (nicht Stempel) und Unterschrift des Gerichtsschreibers, § 182 FG., bzw. des Notars, § 45 Pr. FG., versehene Ausfertigung vorzulegen haben, jedoch wird auch eine beglaubigte Abschrift der Urschrift zugelassen werden müssen. Ist die Eintragungsbewilligung von einem Richter des Amtsgerichts, zu dem auch das Grundbuchamt gehört, beurkundet, so kann das Protokoll selbst an das Grundbuchamt abgegeben werden, da erst die verschiedenen Abteilungen zusammen das Amtsgericht ausmachen, und deshalb den Erfordernissen des Art. 42 auch durch Aufbewahrung der Urschriften bei den Grundakten genügt wird.

4. Öffentliche Behörden sind in eigenen Angelegenheiten zur Ausstellung der zur Eintragung geeigneten Bewilligungen befugt. Inwieweit dieses der Fall, ist nach Landesgesetz zu beurteilen, jedoch müssen die in einem Bundesstaate nach den dortigen Gesetzen als öffentliche geltende Urkunden auch in sämtlichen anderen Bundesstaaten als solche anerkannt werden. Der Grundbuchrichter ist verpflichtet, sich über das in Frage kommende formelle und materielle Recht eines außerpreußischen Staates zu unterrichten, muß selbst außerdeutsches Recht zu ermitteln versuchen. Joh. Bd. 27 S. A 250. Als öffentliche Urkunden sind nach § 415 ZPO. diejenigen anzusehen, welche von einer öffentlichen Behörde innerhalb der Grenzen ihrer Amtsbefugnisse oder von einer mit öffentlichem Glauben versehenen Person innerhalb des ihr zugewiesenen Geschäftsbereichs in der vorgeschriebenen Form aufgenommen sind. Sie müssen jedoch auch in der Form des Art. 9 AG. z. GBO. ordnungsmäßig d. h. von denjenigen Personen unterschrieben sein, denen gesetzlich oder satzungsgemäß die Vertretung nach außen hin obliegt und mit demjenigen Siegel bzw. Stempel versehen sein, das sich durch seine In- und Umschrift mit der Behörde oder der amtlichen Person deckt. Ist dieses der Fall, so sind die betreffenden Urkunden für die Grundbucheintragungen ausreichend, und bedarf es namentlich grundsätzlich keiner Bescheinigung der vorgesetzten Dienstbehörde über die Legitimation der Unterzeichner. Joh. Bd. 21 S. A 101.

5. Durch besondere Gesetze sind zur Ausstellung öffentlicher Urkunden insbesondere ermächtigt:

a) die Landschaften durch ihren Syndikus. Die für die einzelnen Landschaften bestehenden Gesetze sind durch Art. 167 EG. z. BGB., Art. 21 AG. z. GBO. aufrechterhalten. Die Befugnis erstreckt sich jedoch nur auf Urkunden, die zur Eintragung oder Löschung der Pfandbriefsdarlehne, einschließlich der Umschreibungen und Rangänderungen erforderlich sind;

b) die Konsularbeamten des Deutschen Reiches. Soweit diesen Konsulargerichtsbarkeit übertragen ist, s. JMBl. 1903 S. 121, stehen sie den Amtsgerichten völlig gleich, § 7 RG. v. 7. 4. 00 GS. S. 213, Verordn. v. 25. 10. 00 RGS. 999, soweit dieses nicht der Fall, haben sie, auch die Wahlkonsuln, nur die Befugnisse der Notare;

c) während der Grundbuchrichter die von den deutschen Behörden des In- und Auslandes ausgestellten öffentlichen oder öffentlich beglaubigten Urkunden anzuerkennen hat, kann er dagegen bei den von außerdeutschen Behörden oder Beamten herrührenden die Legalisierung, d. h. die Ausstellung eines amtlichen Attestes seitens eines deutschen Gesandten oder Konsuls über die Echtheit der Urkunde und die Zuständigkeit des Beurkundenden oder beglaubigenden Beamten verlangen, § 2 RG. v. 1. 5. 78 GS. S. 89. Das Zeugnis ist unter der zu legalisierenden Urkunde anzubringen, mit Siegel und Unterschrift zu versehen.

6. Die Bewilligung kann auch in einer nur öffentlich beglaubigten Urkunde enthalten sein, d. h. in einer privatschriftlichen Erklärung, deren Unterschriften oder Handzeichen öffentlich beglaubigt sind. § 126, 129 BGB. Für diese Beglaubigungen sind, § 167 FG., die Amtsgerichte und Notare zuständig. Die Zuständigkeit des Grundbuchrichters ist zwar nicht ausdrücklich ausgesprochen, muß aber in demselben Umfange, wie die Beurkundung angenommen werden.

Die Beglaubigung darf nur erfolgen, wenn die Unterschrift vor dem beglaubigenden Beamten gefertigt oder anerkannt wird, § 183 FG., jedoch bedarf es der Aufnahme dieser Tatsache in dem Vermerke nicht, derselbe reicht in der Fassung: Vorstehende Unterschrift des N. wird beglaubigt, völlig aus. Joh. Bd. 20 S. A 133. Der beglaubigende Beamte muß sich selbstverständlich Gewißheit über die ihm unbekannte Persönlichkeit verschaffen, hat dieses aber auch nur in der zu seinen Akten zu bringenden Notiz anzugeben. Erscheint die Geschäftsfähigkeit zweifelhaft, so sind die Bedenken in dem Vermerke hervorzuheben, Art. 60 Abs. 3 Pr. FG. Hierdurch verliert die Urkunde bis zur Beseitigung dieser Bedenken die Eigenschaft als Grundlage einer Eintragung zu dienen.

7. Soweit in den Gesetzen nicht die Form der Beurkundung ausdrücklich vorgeschrieben ist, wie z. B. § 2033 BGB. zur Abtretung des Erbteils, § 794 Abs. 5 ZPO. zur Unterwerfung unter die sofortige Zwangsvollstreckung, hängt es von dem Belieben der Beteiligten bzw. des Notars ab, ob die Eintragungserklärung in einer öffentlich aufgenommenen oder beglaubigten Urkunde abgegeben werden soll, jedenfalls kann die zu beglaubigende Urkunde stets durch die protokollarische Form ersetzt werden, nicht aber umgekehrt.

## § 11. Eintragungsantrag.

1. Außer der Bewilligung setzt eine Eintragung nach § 13 GBO. den Eintragungsantrag voraus, durch welchen erst die Tätigkeit des Grundbuchrichters veranlaßt wird. Mit Rücksicht auf letzteren Umstand ist er auch für die Rangordnung der einzutragenden Rechte allein ausschlaggebend und deshalb der Zeitpunkt des Einganges lediglich auf ihn, nicht auf der Bewilligung oder dem Übersendungsschreiben des Notars zu vermerken.

2. Grundsätzlich reicht nach § 30 GBO. der privatschriftliche oder vom Gerichtsschreiber aufgenommene Antrag aus, er bedarf aber der Form des § 29 GBO., wenn in demselben zugleich noch eine zur Vornahme der Eintragung erforderliche rechtsgeschäftliche Erklärung enthalten ist, z. B. wegen der Zustimmung, auf Löschung einer Hypothek, Grundschuld und Rentenschuld § 27 GBO., § 1183, 1192 BGB., oder auf Berichtigung durch Eintragung des Eigentümers oder Erbbauberechtigten, § 22 Abs. 2 GBO.

3. Antragsberechtigt sind nach § 13 Abs. 2 GBO. sowohl diejenigen, deren Recht von der beantragten Eintragung betroffen wird, die eine Verminderung ihrer Rechte erleiden, die Passivbeteiligten, als auch diejenigen, zu deren Gunsten die Eintragung erfolgen soll, die Aktivbeteiligten. In ersterem Falle z. B. der Eigentümer zur Eintragung einer Hypothek oder eines dinglichen Rechtes auf seinem Grundstücke, der Hypothekengläubiger zur Eintragung eines Nießbrauchs oder Pfandrechts bei seiner Hypothek, im zweiten Falle der Hypothekengläubiger zur Eintragung der für ihn bewilligten Hypothek.

Aber auch der unmittelbar Beteiligte ist nach den Motiven zu § 13 GBO. antragsberechtigt, z. B. der nacheingetragene Hypothekengläubiger zur Löschung eines ihm vorgehenden Altenteils unter Vorlegung der Sterbeurkunde. Die Zustimmung nach § 27 bzw. § 22 Abs. 2 GBO. muß dann noch besonders vom Eigentümer erklärt werden.

4. Nach § 15 GBO. ist auch der Notar zur Stellung eines Eintragungsantrages befugt, jedoch nur, wenn er die zur Eintragung erforderlichen Erklärungen beurkundet oder beglaubigt hat und in diesen Erklärungen die sämtlichen Erfordernisse für die Eintragung enthalten sind, so daß der Antrag nur die Durchführung veranlassen soll. Joh. Bd. 22 S. A 295.

Eine Abänderung oder Ergänzung kann durch den Antrag des Notars nicht verlangt werden, ebensowenig eine Abweichung von den gesetzlichen Bestimmungen. Er kann deshalb z. B., wenn in der Erklärung eine Anordnung über Ausreichung des Briefes nicht getroffen ist, weder die Herausgabe an ihn selbst noch an den Gläubiger wirksam beantragen, weil solches dem § 60 GBO. entgegenstehen würde. Er ist auch nicht zur Beseitigung eines in der Erklärung enthaltenen Mangels, z. B. der Nachholung der richtigen Bezeichnung des Grundstückes im Sinne des § 28 GBO., befugt.

Joh. Bd. 26 S. A 245. Ebensowenig ist er befugt bei mehreren von ihm eingereichten Anträgen die Rangordnung der Eintragungen, § 46 Abs. 1 GBO., zu bestimmen, dagegen kann er eine dahin gehende Wirkung durch die nacheinander erfolgende Einreichung herbeiführen. Joh. Bd. 26 S. A 83. Ist, wie fast regelmäßig, der Antrag des Beteiligten in der Urkunde erklärt, so hat der von dem Notar in dem Übersendungsschreiben wiederholte Antrag keine Bedeutung, der Eingangsvermerk ist deshalb auch nicht auf ihm, sondern auf der eigentlichen Urkunde anzubringen.

5. Die Zurücknahme eines noch nicht erledigten Antrages ist zwar zulässig, darf jedoch nach § 32 GBO. nur in öffentlicher Form geschehen, selbst wenn für die Stellung desselben privatschriftliche Form zulässig war. Auch der von dem Notar gestellte Antrag kann nur in dieser Form zurückgenommen werden. Joh. Bd. 28 S. A 88. Dabei ist jedoch zu berücksichtigen, daß ein gemäß §§ 873, 875 BGB. bindend gewordener Antrag nicht mehr einseitig zurückgenommen werden kann, daß vielmehr sämtliche Beteiligten mitzuwirken haben.

## § 12. **Ersatz der Willenserklärung.**

In bestimmten Fällen können die zur Eintragung notwendigen Willenserklärungen anderweit ersetzt werden. Es kommen insbesondere in Betracht:

1. Die rechtskräftige Verurteilung zur Abgabe einer Willenserklärung, § 894 Abs. 1 ZPO. Der Ersatz ist hier allgemein zulässig, sowohl für die zur Eigentumsübertragung erforderliche dingliche Einigung als auch zur Neueintragung, Übertragung, Änderung und Löschung der übrigen Rechte an Grundstücken. Voraussetzung ist der Nachweis der Rechtskraft des Urteils und daß die Verurteilung auf Abgabe einer bestimmten Willenserklärung gerichtet ist. Daß letzteres der Fall, wird in der Regel die Urteilsformel ausreichend ergeben, doch dürfen unter Umständen die Erkenntnisgründe zur Ergänzung herangezogen werden. Da das Urteil nur die Bewilligung des Verurteilten ersetzt, kann auf Grund desselben nur dann und insoweit eine Eintragung erfolgen, als hierzu die Bewilligung ausreichen würde, jedenfalls müssen sämtliche neben dieser noch vorgeschriebenen Erfordernisse beigebracht werden. Joh. Bd. 21 S. A 297. Hierzu gehört insbesondere Vorlegung des Hypothekenbriefes, sowie der Antrag in der vorgeschriebenen Form, z. B. bei Verurteilung zur Löschung einer Hypothek nach § 27 GBO. in der Form des § 29 GBO. Bei Verurteilung zur Abgabe der Auflassungserklärung hat der andere Teil seinerseits die Einigung zu erklären, und zwar nach § 925 BGB. von dem Grundbuchrichter und nur im rheinischen Rechte vor dem Notar.

Ist die Verurteilung von einer Gegenleistung abhängig gemacht, so muß seitens des Prozeßgerichts neben dem Rechtskraftatteste die Vollstreckungsklausel angebracht und zu derselben der Nachweis der Erfüllung der Leistung geführt werden, § 894 Satz 2 ZPO. Dem Grundbuchrichter ist dieser Nachweis nicht zu erbringen, für ihn ist das Rechtskraftattest neben der Vollstreckungsklausel maßgebend.

Ist das Erkenntnis nur vorläufig vollstreckbar, so kann dasselbe nach § 895 ZPO. nur als Grundlage zur Eintragung einer Vormerkung oder eines Widerspruchs dienen.

2. Das Ersuchen einer öffentlichen Behörde § 39 GBO. Dasselbe ersetzt sowohl die Bewilligung als den Eintragungsantrag. In demselben muß bestimmt angegeben werden, wo und wie die Eintragung erfolgen soll. Der Grundbuchrichter hat nur zu prüfen, ob die betreffende Behörde nach den Gesetzen zu dem Ersuchen der vorliegenden Art ermächtigt, und ob die Form des Art. 9 AG. z. GBO. gewahrt ist. Eine Prüfung, ob dasselbe materiell begründet ist, steht ihm dagegen nicht zu, die Verantwortung nach dieser Seite hin trägt die ersuchende Behörde. Joh. Bd. 23 S. A 252. Selbstverständlich muß die ersuchte Eintragung nach den für den Grundbuchrichter maßgebenden Vorschriften zulässig sein, er hat daher das Ersuchen abzulehnen, wenn z. B. das betreffende Recht nicht eintragungsfähig ist, oder die Eintragung auf einem nicht angegebenen Bruchteile erfolgen soll oder auf einem angegebenen Bruchteile, der von dem anderen Miteigentümer erworben ist, der also zu bestehen aufgehört hat. Joh. Bd. 26 S. A 157. Die zur Eintragung weiter nötigen Erfordernisse bleiben auch bei dem Ersuchen bestehen, z. B. Vorlegung des Briefes, soweit nicht gesetzlich etwas anderes bestimmt ist, z. B. §§ 131, 158 ZVG.

3. Berichtigung § 22 GBO., § 894 BGB.

Bei der Berichtigung kann die Bewilligung des unrichtig Eingetragenen auch durch den Nachweis der Unrichtigkeit ersetzt werden, jedoch ist für diesen Nachweis nach der zwingenden Vorschrift des § 29 Satz 2 BGB. eine öffentliche Urkunde erforderlich. Es ist zu unterscheiden, ob die Unrichtigkeit auf einem Versehen des Grundbuchrichters oder auf anderen Gründen beruht.

a) Versehen des Grundbuchbeamten.

α) Hat der Grundbuchrichter ein nicht eintragungsfähiges Recht eingetragen, z. B. eine Veräußerungs- oder Belastungsbeschränkung, § 137 BGB. oder die Verpflichtung zu einem Tun, Beerdigungspflicht, so hat er nach § 54 Abs. 1 Satz 2 GBO. die Löschung von Amts wegen vorzunehmen.

β) Hat er die Eintragung unter Verletzung gesetzlicher Vorschriften oder unter Angabe unrichtiger Tatsachen bewirkt, z. B. ein Grundstück irrtümlich pfandfrei übertragen, obwohl dasselbe für eine Hypothek mithaftete, oder eine Hypothek zu 6 % verzinslich eingetragen, obwohl nur 4 % vereinbart und bewilligt waren, so hat er von Amts wegen einen Widerspruch einzutragen, § 54 Abs. 1, und die Richtigstellung zu veranlassen. In diesen Fällen wird ohne Bewilligung derjenigen, die von der unrichtigen Eintragung Vorteil erlangt haben, kaum auszukommen sein.

b) Ist die Unrichtigkeit durch die Beteiligten selbst verschuldet, z. B. die Eintragung einer Hypothek von 5000 Mark bewilligt und erfolgt, obwohl nur 3000 Mark vereinbart und gewährt sind, so hat der Beteiligte die etwaige Eintragung eines Widerspruchs gemäß § 899 BGB. selbst herbeizuführen und für Richtigstellung zu sorgen.

c) Die von Hause aus richtige Eintragung ist durch außerhalb des Grundbuchs vorgekommene Tatsachen unrichtig geworden, z. B. ein Eigentumsübergang eingetreten, insbesondere:

α) an den Abfindungsstücken beim Separationsverfahren durch Bestätigung des Rezesses seitens der Generalkommission, Art. 113 EG. z. BGB., § 1 Ges. v. 26. 6. 75 GS. S. 325;

β) beim Enteignungsverfahren an den enteigneten Grundstücken durch Zustellung des Enteignungsbeschlusses von seiten der Enteignungsbehörde, Art. 109 EG. z. BGB. § 44 RG. v. 11. 6. 74, GS. S. 221;

γ) bei der Zwangsversteigerung durch Verkündigung des Zuschlagsbeschlusses, § 90 ZVG., in welchem Falle von diesem Zeitpunkte ab auch die nicht im geringsten Gebote enthaltenen dinglichen Rechte erloschen sind, § 91 daselbst.

Die Durchführung der Berichtigung wird in den a bis c gedachten Fällen durch Ersuchen, s. vorstehend Nr. 2, veranlaßt.

d) Weiter tritt Unrichtigkeit ein beim Tode des Berechtigten, also mit dem Aufhören der Rechtsfähigkeit desselben.

Hier ist zu unterscheiden:

α) Die in Abteilung II eingetragenen nicht vererblichen und nicht veräußerlichen Rechte u. a. Nießbrauch, beschränkte persönliche Dienstbarkeiten und von den Reallasten insbesondere das Altenteil, hören mit dem Ableben des Berechtigten auf. Sie würden mithin auf privatschriftlichen oder vor dem Gerichtsschreiber zu Protokoll erklärten Antrag gelöscht werden können, sobald der Nachweis des Todes durch öffentliche Urkunde erbracht wird, wenn nicht § 23 GBO. eine Beschränkung angeordnet hätte. Nach demselben soll nämlich der Nachweis des Todes dann nicht zur Löschung ausreichen, wenn die Rechtsnachfolger derselben widersprochen haben und, auf Grund dieses in der Form des § 29 GBO. erfolgten Protestes ein Widerspruch eingetragen ist. Es soll ferner, selbst wenn kein Widerspruch vorliegt, die Löschung nur derjenigen Rechte sofort erfolgen dürfen, bei denen Rückstände nicht möglich sind, z. B. bei einer in einem Wohnungs- und Wegerechte bestehenden beschränkten persönlichen Dienstbarkeit. Soweit Rückstände möglich sind, z. B. Nießbrauch, Altenteil, muß vom Tage des Todes oder der Todeserklärung ab ein Jahr gewartet werden. Innerhalb dieses Jahres kann die Löschung nur erfolgen, wenn die ausgewiesenen Rechtsnachfolger dieselbe bewilligen, oder wenn bei der Bestellung die sofortige Löschung beim Nachweise des Todes vereinbart und ein dahin gehender Vermerk im Grundbuche ausdrücklich aufgenommen ist.

$\beta$) Die nicht an die Person gebundenen Rechte, u. a. Eigentum und Grundstückspfandrechte erlöschen beim Tode des Berechtigten nicht, sondern gehen nach §§ 1922, 1942, 2139 BGB. unvermindert auf die Erben über, so daß die Berichtigung nur in der Eintragung der Erben an Stelle des bisherigen Berechtigten zu bestehen hat. Der Nachweis der Erbfolge kann nach § 36 GBO. nur durch Erbschein oder letztwillige Verfügung in öffentlicher Form mit Eröffnungsverhandlung geführt werden. Der Antrag muß, wenn er auf Eintragung von Eigentum an Grundstücken, Erbbaurecht oder anderen den Grundstücken gleichgestellte Rechte gerichtet ist, nach § 22 Abs. 2, weil er zugleich die Zustimmung enthält, in öffentlicher Form und, wegen der Zustimmung von sämtlichen Miterben gestellt werden. Joh. Bd. 25 S. A 114.

Bei Berichtigung durch Umschreibung der sonstigen Rechte, insbesondere Hypotheken, Grundschulden und Rentenschulden, ist eine Zustimmung nicht erforderlich, deshalb auch ein privatschriftlicher Antrag und ein solcher auch nur von einem oder mehreren Erben ausreichend. Joh. Bd. 22 S. A 154.

e) Auch bei Vereinbarung der ehelichen Gütergemeinschaft erfolgt die Eintragung des einen Ehegatten als Miteigentümer bzw. Mitberechtigter des anderen entweder auf Grund der Bewilligung des eingetragenen Berechtigten oder ohne diese im Wege der Berichtigung. Das Vermögen wird § 1438 BGB. von selbst gemeinschaftliches Eigentum und zwar, wenn der Ehevertrag vor der Ehe abgeschlossen ist, mit dem Eintritt der Ehe, wenn er erst nach der Eheschließung vereinbart ist, sofort mit der Abschließung des Ehevertrages, der nach § 1434 BGB. bei gleichzeitiger Anwesenheit beider Eheleute gerichtlich oder notariell beurkundet sein muß. Der zur Eintragung im Grundbuch erforderliche Nachweis wird nach § 34 GBO. durch Vorlegung eines Auszuges aus dem Güterrechtsregister geführt, doch kann sich der Grundbuchrichter mit Vorlegung des Ehevertrages begnügen. Joh. Bd. 30

S. A 169. Im letzteren Falle bedarf es aber noch der Beibringung der Eheschließungsurkunde.

Soweit es sich um Eintragung von Eigentum handelt, ist ebenfalls nach § 22 Abs. 2 GBO. ein Antrag des neu einzutragenden Ehegatten in der Form des § 29 GBO. notwendig, während sonst privatschriftlicher Antrag eines der beiden Ehegatten ausreicht.

Von der fortgesetzten Gütergemeinschaft gilt dasselbe; § 1507 BGB.

## § 13. Nachweis der Erbfolge.

Die Erben können sich zwar im Wege der Berichtigung an Stelle des Erblassers im Grundbuche eintragen lassen, sind aber nach § 41 GBO. ausnahmsweise auch ohne die in § 40 Abs. 1 daselbst sonst allgemein vorgeschriebene Eintragung zu einer Verfügung über die zum Nachlasse gehörigen Grundbuchrechte befugt, jedoch nur insoweit, als diese Verfügung eine Übertragung oder Aufhebung der Rechte enthält, mithin zu Auflassungen, Abtretungen, Pfandentlassungen und Löschungen, und zwar bei Löschungen sowohl zur Abgabe der Löschungsbewilligungen als Gläubiger, sowie zur Erklärung der Zustimmung und Beantragung der Löschung als Eigentümer.

Zu den Verfügungen ist aber die Erbeneigenschaft in gleicher Weise nachzuweisen, wie für die Berichtigung.

Als Beweismittel kommen in Betracht:

1. Der Erbschein, § 36 GBO., und zwar bei Intestaterbfolge ausschließlich.

Der von dem Nachlaßgerichte gemäß §§ 2353—2373 BGB. ausgestellte und in gehöriger Form vorgelegte Erbschein ist für den Grundbuchrichter maßgebend, eine Nachprüfung steht ihm nicht zu, Joh. Bd. 34 S. A 227. Derselbe muß in Ausfertigung vorgelegt werden, eine beglaubigte Abschrift genügt nicht, da es nicht nur auf den Inhalt, sondern auch auf den Besitz ankommt, und nur durch den Besitz ersichtlich wird, daß eine Einziehung oder Kraftloserklärung, § 2361 BGB., nicht erfolgt ist, Joh. Bd. 26 S. A 92. Die Bezugnahme auf die bei demselben Amtsgerichte befindlichen Erbscheinakten wird für zulässig zu erachten sein, jedoch nur in den Fällen, in welchen sich eine vollständige Urschrift des Erbscheines in diesen Akten befindet, und nicht nur ein nicht unterschriebener Entwurf, weil in diesem Falle Offenkundigkeit im Sinne des § 29 GBO. angenommen werden muß. In den Grundakten wird dann ein Vermerk anzubringen sein: Die Urschrift des Erbscheines, nach welchen A und B alleinige Erben des C sind, befindet sich in den angezogenen Akten.

2. Eine letztwillige Verfügung, die in öffentlicher Urkunde enthalten und vom Nachlaßgerichte gehörig verkündet ist.

a) Die **letztwillige** Verfügung, Testament oder Erbvertrag, muß mithin vor dem Richter oder Notar oder einer diesen gleichgestellten Behörde unter Mitwirkung der vorgeschriebenen Personen zu Protokoll erklärt oder zu Protokoll angenommen und zur amtlichen Verwahrung gebracht sein. §§ 2231 ff. bzw. §§ 2276 ff. BGB. Dieselbe muß zu ihrer Wirksamkeit nach §§ 2260 ff. vom Nachlaßgericht eröffnet sein. Eine Eröffnung muß selbst dann stattfinden, wenn, wie nach § 2277 BGB. zulässig, ein Erbvertrag nicht in amtliche Verwahrung gebracht, sondern auf Antrag der Vertragschließenden öffentlich bei den Gerichts- oder Notariatsakten verwahrt wird. Joh. Bd. 25 S. A 58, Bd. 27 S. A 41, RG. Bd. 48 S. 96.

Dem Grundbuchrichter wird der Regel nach die Ausfertigung der letztwilligen Verfügung und der Eröffnungsverhandlung vorzulegen sein, jedoch genügen auch beglaubigte Abschriften, ebenso ist die Bezugnahme auf die bei demselben Amtsgerichte befindlichen Eröffnungsakten, in welchen sich die Urschriften befinden, zulässig.

b) Ein gehörig nach § 2249 BGB. errichtetes und verkündetes dorfgerichtliches Testament gilt als öffentliches, Joh. Bd. 24 S. A 88, es darf jedoch nur berücksichtigt werden, wenn es die ausdrückliche Erklärung enthält, daß die Unmöglichkeit der Errichtung vor einem Richter oder Notar zu besorgen gewesen wäre, und wenn der Erblasser innerhalb drei Monate seit der Errichtung verstorben ist.

c) Auch beim Vorhandensein einer öffentlichen letztwilligen Verfügung kann unter Umständen, § 36 GBO., ein Erbschein gefordert werden, jedoch nicht beliebig, sondern nur dann, wenn dieselbe hinsichtlich der Erbfolge unvollständig und unklar ist, so daß der Grundbuchrichter trotz eingehender Prüfung unter Berücksichtigung aller Auslegungsvorschriften eine Gewißheit über die eingesetzten Erben zu erlangen außerstande ist. Joh. Bd. 24 S A 88.

Ein Erbschein ist u. a. stets erforderlich, wenn die Erben überhaupt nicht oder nur teilweise mit Namen aufgeführt sind, z. B.: Ich setze zu meinen Erben ein meine Kinder Albert, Friedrich, Martin und diejenigen, die etwa noch geboren werden, oder kurzweg: Ich setze meine Kinder zu Erben ein. Ebenso bedarf es eines Erbscheines, wenn neben dem öffentlichen Testamente noch ein privatschriftliches Testament vorhanden ist, wozu auch die etwa vorbehaltenen Nachzettel gehören, Joh. Bd. 25 S. A 278. Die Nachzettel haben nach BGB. nur noch als Privattestamente Bedeutung, vorausgesetzt, daß sie die für diese vorgeschriebene Form haben.

Über die Gültigkeit des neben dem öffentlichen Testamente vorhandenen und demselben widersprechenden Privattestaments hat nur der Nachlaßrichter zu entscheiden, der Grundbuchrichter hat nur einen Erbschein zu verlangen.

3. Ein privatschriftliches Testament kann niemals die Grundlage für Grundbucheintragungen darstellen, muß stets durch einen Erbschein ersetzt werden.

4. Ist durch letztwillige Verfügung Vor- und Nacherbfolge angeordnet, so erlangt der Nacherbe bereits beim Tode des Erblassers ein vererbliches und veräußerliches Recht am Nachlasse, § 2108 BGB., welches sowohl bei der Eintragung des Vorerben im Wege der Berichtigung, als auch bei der Verfügung ohne Eintragung berücksichtigt werden muß.

a) Verlangt der Vorerbe seine Eintragung, so ist nach § 52 GBO. das Recht des Nacherben von Amts wegen mit einzutragen, und zwar bei der Eintragung des Vorerben als Eigentümer durch einen selbständigen Vermerk in Abt. II, bei Umschreibung einer Hypothekgrundschuld oder Rentenschuld durch Mitaufnahme der Nacherbenrechte in dem Umschreibungsvermerke selbst. Das Nacherbenrecht ist stets einzutragen, mag die Erbfolge nach neuem oder altem Rechte, Art. 213 EG. z. BGB., zu beurteilen, und mögen die Nacherben auch nur auf den Überrest eingesetzt sein, Joh. Bd. 20 S. A 81, Bd. 22 S. A 299, Bd. 26 S. 202. Die Voraussetzungen für den Eintritt der Nacherbfolge, und die Erweiterung der Befugnisse des Vorerben sind in dem Vermerke mit aufzunehmen.

Zur Löschung des eingetragenen Nacherbenvermerks ist nach § 40 Abs. 1 GBO. die Bewilligung der Nacherben erforderlich. Beim befreiten Vorerben, insbesondere bei Einsetzung der Nacherben auf den Überrest, wird der Erwerber die Löschung auch ohne Zuziehung der Nacherben verlangen können, wenn er nachweist, daß entgeltliche Verfügung vorliegt. Joh. Bd. 38 S. A 223.

b) Zu einer Verfügung ohne Eintragung, § 41 GBO., ist der Vorerbe grundsätzlich zwar befugt, § 2112 BGB., seine Verfügung ist jedoch, § 2113, insoweit unwirksam, als dieselbe Grundstücke und dingliche Rechte betrifft und durch sie eine Beeinträchtigung oder Vereitelung der Rechte der Nacherben herbeigeführt wird, oder sie unentgeltlich ist, oder zur Erfüllung eines von ihm geleisteten Schenkungsversprechens dient.

Der Grundbuchrichter darf deshalb die Verfügungen des Vorerben nur berücksichtigen, wenn ihm nachgewiesen wird, daß keine der gedachten Beschränkungen vorliegt. Dieser Nachweis wird sich aber in unwiderlegbarer Weise nur durch eine Erklärung des Nacherben selbst oder seines Vertreters, gegebenenfalls mit vormundschaftlicher Genehmigung erbringen lassen.

Die Mitwirkung der Nacherben ist deshalb nach altem und neuem Rechte erforderlich, selbst dann, wenn der Vorerbe gemäß § 2136 BGB., soweit zulässig, befreit ist, die Nacherben sich mit dem Überreste begnügen sollen, weil eine Befreiung von der Beschränkung des § 2113 Abs. 2 BGB. nicht zulässig ist und daher der Nachweis, daß Unentgeltlichkeit nicht vorliegt, stets erbracht werden mußte.

Vgl. Mitwirkung bei Auflassung. Joh. Bd. 26 S. A 264, bei Abtretung Bd. 23 S. A 250, bei Löschung und Pfandentlassung Bd. 22 S. A 315.

Eine von dem Vorerben allein oder in Gemeinschaft mit dem anderen Beteiligten abgegebene Erklärung, daß Entgeltlichkeit vorliege, z. B. Ausstellung einer Quittung zugleich mit der Löschungsbewilligung, macht die Mitwirkung der Nacherben nicht entbehrlich, weil die Möglichkeit eines Scheingeschäftes nicht ausgeschlossen ist.

Nur wenn bei einer Verfügung eines befreiten Vorerben nach Lage der Sache Unentgeltlichkeit absolut ausgeschlossen ist, kann nach der in Abänderung früherer Beschlüsse getroffenen Entscheidung des Reichsgerichts Bd. 69 S. 257, der sich auch das Kammergericht angeschlossen hat, von der Mitwirkung der Nacherben abgesehen werden, z. B. beim Vorliegen eines verbindlichen Veräußerungsgeschäftes, in welchem auch von der Gegenseite Verpflichtungen übernommen sind, u. a. Zahlung oder Eintragung des bestimmten Kaufpreises oder eines Auszuges. Joh. Bd. 38 S. A 223.

c) Anders verhält es sich, wenn in einem gemeinschaftlichen Testamente die gemeinschaftlichen Kinder zwar als Nacherben benannt sind, in Wirklichkeit jedoch, § 2269 BGB., Erben des Letztlebenden sein sollen. In solchem Falle ist selbstverständlich der überlebende Ehegatte Alleinerbe, es ist deshalb weder der Nacherbenvermerk bei Berichtigung einzutragen, noch bedarf es der Mitwirkung der Nacherben zu Verfügungen.

Ob, wenn eine ausdrückliche Anordnung in diesem Sinne fehlt, die dahingehende Absicht anzunehmen ist, hat der Grundbuchrichter in jedem einzelnen Falle zu ermitteln, er wird die Absicht annehmen müssen, wenn z. B. von den Ehegatten über den Tod des Letztlebenden hinaus über das beiderseitige Vermögen Bestimmungen getroffen sind, die zu Lebzeiten noch eines von ihnen nicht ausführbar sind. Joh. Bd. 26 S. A 51.

## § 14. Testamentsvollstrecker.

1. Durch letztwillige Verfügung kann eine bestimmte Person zum Testamentsvollstrecker ernannt oder die Ernennung wenigstens angeordnet werden, § 2197 BGB.

Ist ein Testamentsvollstrecker vorhanden, so sind die Erben, § 2211 BGB., von der Verwaltung des Nachlasses und Verfügung über denselben ausgeschlossen, beides steht nach § 2205 BGB. lediglich dem Testamentsvollstrecker zu. Diese Befugnis tritt aber nach § 2202 Abs. 1 erst mit der Annahme des Amtes ein, so daß bis dahin niemand über die Nachlaßgegenstände verfügen kann, gegebenenfalls für die Zwischenzeit ein Pfleger bestellt werden muß.

Der Testamentsvollstrecker ist, soweit er nicht ausdrücklich oder nach der zu ermittelnden Absicht des Erblassers, § 2208, beschränkt ist, zu jeder entgeltlichen Verfügung über die Nachlaßgegenstände befugt, zur unentgeltlichen jedoch nur ausnahmsweise, § 2205 Satz 2, wenn eine Pflicht zur Wohltätigkeit vorliegt. Er kann deshalb Auflassungen vornehmen, Hypotheken abtreten und zur Löschung bringen, sogar die Grundstücke belasten. Joh. Bd. 27 S. A 192, wird aber immer die Entgeltlichkeit darzutun haben. Hierzu bedarf es aber nicht eines formellen Nachweises, vielmehr wird regelmäßig das zugrunde liegende Geschäft zur Entscheidung dieser Frage ausreichen. Nur zu seinen eigenen Gunsten darf er nicht verfügen, z. B. nicht an sich selbst auflassen, abtreten, oder sich selbst löschungsfähige Quittung erteilen, außer wenn ihm dieses ausdrücklich oder nach Lage der Sache stillschweigend gestattet ist, z. B. wenn ihm selbst durch das Testament ein Grundstück oder eine Hypothek zugewendet ist. Joh. Bd. 24 S. A 106, Bd. 27 S. A 148, 194. Der § 181 findet hierbei keine Anwendung, da der Testamentsvollstrecker nicht Vertreter der Erben ist, sondern Inhaber eines ihm übertragenen Amtes, so daß er zwar fremde Interessen, aber aus eigenem Willen ausübt und deshalb bei einer Übertragung an sich selbst nicht fremde und gleichzeitig seine eigenen Interessen wahrnimmt.

2. Der Grundbuchrichter darf Erklärungen des Testamentsvollstreckers nur berücksichtigen, wenn ihm derselbe sowohl seine Ernennung als auch die Annahme des Amtes gehörig nachgewiesen hat. Dieser Nachweis ist verschieden, je nachdem die Ernennung in öffentlicher, oder nur in privatschriftlicher letztwilliger Verfügung enthalten ist.

a) Ist die Ernennung in einer öffentlichen letztwilligen Anordnung erfolgt, so bildet diese mit der Eröffnungsverhandlung sowohl hinsichtlich der Ernennung als des Umfanges seiner Befugnisse die Legitimation, und es bedarf nur noch des Nachweises der Annahme, also eines Zeugnisses dahin, daß der pp. das ihm übertragene Amt als Testamentsvollstrecker des N. angenommen hat. Zur Ausstellung dieser öffentlichen Bescheinigung sowie zur Entgegennahme der Erklärung über Annahme und Ablehnung ist, § 2202 Satz 2 BGB., ausschließlich der Nachlaßrichter zuständig. Derselbe wird das Attest nur ausstellen dürfen, wenn die Annahme vor ihm erklärt oder in öffentlicher oder öffentlich beglaubigter Urkunde abgegeben ist, da er nur hierdurch Gewißheit erlangt, daß die Erklärung tatsächlich von dem ernannten Testamentsvollstrecker herrührt. Joh. Bd. 28 S. A 283.

Ein weitergehendes Zeugnis kann der Grundbuchrichter nicht verlangen. Joh. Bd. 24 S. A 221. Die Annahmeerklärung des Testamentsvollstreckers zu den Grundakten hat keinerlei Wirkung, dagegen wird die Bezugnahme auf die Nachlaßakten ausreichen, falls sich die Erklärung dort in öffentlicher Form befindet.

b) Liegt nur eine Ernennung in privatschriftlicher letztwilliger Anordnung vor, so hat diese im Hinblick auf § 29 GBO. für Grundbuchzwecke keine Beweiskraft, es bedarf vielmehr eines förmlichen Zeugnisses des Nachlaßrichters, § 2368 BGB., dahin, daß der pp. zum Testamentsvollstrecker des pp. **ernannt** ist. In demselben sind auch die Erweiterungen oder Einschränkungen der gesetzlichen Vorschriften ausdrücklich aufzunehmen, da die Bestallung insbesondere für den Grundbuchrichter die alleinige Legitimation bildet, das Testament gar nicht in Frage kommt. Ein weiterer Nachweis der Annahme des Amtes ist nicht erforderlich, dem Grundbuchrichter steht auch eine Nachprüfung, ob der Nachlaßrichter bei der Erteilung die vorgeschriebenen gesetzlichen Erfordernisse beachtet hat, nicht zu. Joh. Bd. 37 S. A 249. Die Bezugnahme auf die Nachlaßakten ist nur ausreichend, wenn sich die Urschrift des Zeugnisses in denselben befindet, dagegen ersetzen lediglich Vorbereitungsverhandlungen oder ein nicht vollzogener Entwurf die Bestallung nicht.

c) Ist in der letztwilligen Verfügung eine bestimmte Person nicht benannt, ihre Auswahl dem Gericht oder einem Dritten überlassen, so bedarf es ebenfalls einer Bestallung des § 2368 BGB., jedoch wird das vorhandene öffentliche Testament über die Befugnisse zugrunde gelegt worden können.

d) Einer Bestallung bedarf es endlich, wenn das Testament hinsichtlich der Ernennung unklar und unbestimmt ist.

3. Ist der Erblasser vor dem 1. Januar 1900 verstorben, so bleiben nach Art. 213 EG. z. BGB. auch hinsichtlich des Testamentsvollstreckers die früheren Gesetze maßgebend. Der Grundbuchrichter wird deshalb für das Gebiet des Allgemeinen Landrechts weder eine Bestallung noch ein Annahmezeugnis verlangen können, er wird aber auch auf der andern Seite nach § 557 Teil 1 Titel 12 ALR. den Testamentsvollstrecker nur zu denjenigen Geschäften zulassen dürfen, deren Erledigung ihm durch das Testament ausdrücklich übertragen ist.

4. Der Testamentsvollstrecker kann zwar einzelne Rechtsgeschäfte durch eine von ihm bevollmächtigte Person vornehmen lassen, dagegen kann er, wenn ihm dieses nicht ausdrücklich gestattet ist, die Ausübung seiner Gesamttätigkeit nicht auf einen Generalbevollmächtigten übertragen, da seine Stellung auf besonderem Vertrauen des Erblassers beruht. Joh. Bd. 27 S. A 197.

## § 15. Vertretung durch Bevollmächtigte.

1. Die Vertretung der Beteiligten auf Grund einer vorgelegten Vollmacht ist in allen Grundbuchangelegenheiten zulässig. Soweit der Beteiligte privatschriftliche Anträge stellen kann, bedarf auch die Vollmacht keiner besonderen Form, z. B. zur Herbeiführung der Berichtigung durch Löschung eines Altenteils, Umschreibung einer Hypothek auf Grund des Erbscheins.

In allen übrigen Fällen müßte die Vollmacht, soweit auf Grund der Erklärungen des Bevollmächtigten Eintragungen erfolgen sollen, gemäß der zwingenden Vorschrift des Satz 2 des § 29 GBO. stets durch öffentliche Urkunde nachgewiesen werden, man wird dieselbe aber auch in öffentlich beglaubigter Form zulassen müssen. Joh. Bd. 22 S. A 296.

Richter oder Notar können eine Vollmacht auf sich selbst nicht beurkunden, wohl aber wird die in einer nur von ihnen beglaubigten Urkunde ihnen erteilte Vollmacht als wirksam angesehen werden müssen. Joh. Bd. 24 S. A 6, Bd. 38 S. A 190.

2. Ob sich der Vertreter auf eine General- oder Spezialvollmacht stützt, ist belanglos, da nach dem gegenwärtigen Rechte Spezialvollmachten zu keiner grundbuchrechtlichen Handlung erforderlich sind. Liegt nur eine Spezialvollmacht vor, so darf die in derselben erteilte Ermächtigung nicht überschritten, z. B. bei der Auflassungsvollmacht ein von dem Bevollmächtigten gestellter Antrag auf Zuschreibung des Grundstücks als Bestandteil eines anderen nicht berücksichtigt werden.

3. Der Bevollmächtigte ist zur Übertragung seiner Vollmacht auf einen Unterbevollmächtigten nur befugt, wenn ihm dieses ausdrücklich gestattet, und diese Erlaubnis in der Vollmacht ausgesprochen ist. Er kann aber, auch wenn letzteres der Fall, dem Unterbevollmächtigten nicht mehr Rechte übertragen, als er selbst hat, insbesondere kann durch die Untervollmacht eine Verhandlung des ersten Bevollmächtigten mit dem ursprünglichen Vollmachtgeber nicht ermöglicht werden.

4. Die Vollmacht erlischt grundsätzlich mit dem Tode des Vollmachtgebers, kann aber nach § 168 in Verbindung mit § 672 BGB. über den Tod hinaus wirksam bleiben, z. B. wenn sie zu Rechtsgeschäften ermächtigt, die beim Tode noch nicht vollständig erledigt sind.

Ist die Vollmacht ausdrücklich über den Tod hinaus erteilt, was in der Regel durch den Zusatz „für mich und meine Erben" geschieht, so bleibt der Bevollmächtigte auch zur Vertretung der Erben befugt und schließt selbst den später eingesetzten Testamentsvollstrecker aus, Joh. Bd. 32 S. A 197, Bd. 37 S. A 231.

5. Die Vollmacht kann stets widerrufen werden, § 168 BGB., der Widerruf muß aber als empfangsbedürftiges einseitiges Rechtsgeschäft

gegenüber dem Bevollmächtigten oder dem Dritten erklärt werden, §§ 168, 167 BGB. und in Grundbuchsachen, selbst wenn privatschriftliche Vollmacht zulässig war, in öffentlicher Form erfolgen, § 32 GBO.

6. Ein und derselbe Bevollmächtigte kann auch im Grundbuchverkehr nicht gleichzeitig als Vertreter zweier miteinander verhandelnden Beteiligten, z. B. bei der Auflassung tätig werden, wenn nicht eine der beiden Ausnahmen des § 181 BGB. vorliegt, nämlich, daß ihm die Verhandlung mit sich selbst ausdrücklich gestattet ist, oder daß das Rechtsgeschäft ausschließlich in der Erfüllung einer Verbindlichkeit besteht. Die erstere Ausnahme erfordert nicht die ausdrückliche Erlaubnis, sondern wird auch aus der Lage der Sache gefolgert werden können und insbesondere dann anzunehmen sein, wenn jeder der Beteiligten unabhängig von dem anderen zur Durchführung eines bestimmten Geschäftes Spezialvollmacht erteilt hat. Z. B. zur Auflassung ohne obligatorische Verpflichtung. Die zweite Ausnahme kommt in der Praxis am häufigsten vor in der Weise, daß die Beteiligten in einem verbindlichen Kaufvertrage oder Erbauseinandersetzungsvertrage ein und derselben Person zur Durchführung der Veräußerung Auflassungsvollmacht erteilen. Joh. Bd. 21 S. A 292.

7. Die Vollmacht muß dem Grundbuchrichter in Urschrift oder Ausfertigung vorgelegt werden, weil nur aus dem Besitze ersichtlich wird, daß die Ermächtigung noch besteht, die Vollmacht nicht widerrufen oder erloschen ist, und daß die Vollmacht gegenüber dem Bevollmächtigten, § 167 Abs. 1 BGB., erteilt ist. Joh. Bd. 25 S. A 120. Handelt es sich nicht um eine protokollarische Aufnahme durch den Grundbuchrichter selbst, sondern um eine von dem Richter der freiwilligen Gerichtsbarkeit oder dem Notar aufgenommene oder beglaubigte Eintragungsbewilligung, so ist der Nachweis erforderlich, daß der Bevollmächtigte bei Abgabe der Erklärung der Eintragungsbewilligung im Besitze der Vollmacht war. Joh. Bd. 33 S. A 149. Dieser Nachweis würde durch Miteinreichung der Vollmacht ohne weiteres als erbracht gelten. Eine einfache Bescheinigung des Richters oder Notars dahin, daß der Bevollmächtigte eine ihn legitimierende Vollmacht vorgelegt habe, kann der Grundbuchrichter nicht beachten, obwohl beide, Art. 31 Pr. FG., auch zur Beurkundung von Tatsachen befugt sind: Denn der Grundbuchrichter wird durch diese Bescheinigung von der ihm obliegenden eigenen Prüfung der Gültigkeit und Verbindlichkeit der Vollmacht nicht befreit.

Die Erklärung des Notars würde auch nicht nur eine Tatsache bescheinigen, sondern ein Urteil enthalten. Sie würde die Vorlegung der Urschrift oder Ausfertigung der Vollmacht nur dann entbehrlich machen, wenn ihr eine beglaubigte Abschrift der Vollmacht beigefügt, und in dem Atteste ausdrücklich auf diese beglaubigte Abschrift Bezug genommen ist, etwa dahin: Es wird bescheinigt, daß der pp. bei Abgabe seiner Erklärung, oder Anerkennung seiner Unterschrift, die Urschrift der nachstehend in beglaubigter Abschrift beigefügten Vollmacht vorgelegt hat. Joh. Bd. 23 S. A 120, Bd. 25 S. A 120.

Vertritt ein und derselbe Bevollmächtigte zwei Beteiligte, so hat er zu seiner Legitimation die für jeden derselben gebildete Ausfertigung vorzulegen oder z. B. bei Kaufverträgen eine Ausfertigung, die nach dem Ausfertigungsvermerk für ihn zum Zwecke seiner Legitimation gebildet ist.

8. Der Grundbuchrichter hat der Regel nach Eintragungsurkunden nur aufzunehmen, wenn sich die Beteiligten durch Vollmacht gehörig ausweisen, er wird jedoch die Aufnahme einer Verhandlung auch dann nicht ablehnen dürfen, wenn jemand als angeblich Beauftragter eines Beteiligten ohne Vollmacht erscheint und die Verhandlung verlangt unter dem Versprechen, Vollmacht seines Auftraggebers nachzubringen. Die Eintragung kann in diesem Falle vor Hebung des Mangels nicht erfolgen und wird hierzu zweckmäßig eine Frist bestimmt und für den fruchtlosen Ablauf die Abweisung des Antrages angedroht; beides im Protokoll aufgenommen.

Die nachträglich eingereichte Vollmacht darf dann aber nur berücksichtigt werden, wenn sie ergibt, daß der Vertreter bereits bei Abgabe seiner Erklärung bevollmächtigt war.

9. Bei einem zweiseitigen Geschäfte, z. B. der Auflassung, aber nur bei einem solchen, würde die Entgegennahme der Erklärung einer Person ohne Vollmacht auch dann nicht abzulehnen sein, wenn dieselbe die nachträgliche Genehmigung des Beteiligten in Aussicht stellt, § 177 BGB. Durch die nachträgliche Genehmigung in der Form des § 29 GBO. würde dann das Geschäft wirksam, selbst die Auflassung, so daß die Eintragung des Eigentumsüberganges erfolgen könnte. Die Wirksamkeit würde sogar eintreten, wenn die betreffende Person im eigenen Namen, also als Nichtberechtigter die Erklärung z. B. Auflassungserklärung abgegeben hätte. Joh. Bd. 23 S. A 136. Die Genehmigung müßte aber in beiden Fällen dem nichtberechtigten Vertreter oder dem anderen Teile gegenüber erklärt werden, § 182 BGB. Die nur dem Grundbuchamte gegenüber abgegebene Erklärung hat keine Wirkung. Joh. Bd. 34 S. A 253. Daß sie dem Vertreter oder dem Dritten gegenüber abgegeben ist, muß dem Grundbuchamte dargetan werden; der Nachweis erfordert aber keine förmliche Zustellungsurkunden, kann vielmehr auch auf andere Art geführt werden und wird schon als erbracht gelten, wenn der Vertreter oder der Dritte dieselbe einreicht. Joh. Bd. 35 S. A 231.

## § 16. Vertretung durch den Vormund.

1. Bevormundete Personen werden durch den Vormund und beim Vorhandensein von mehreren Mitvormündern, soweit eine Änderung nicht

angeordnet, von diesen gemeinschaftlich vertreten, §§ 1793, 1797 BGB. Dem Gegenvormunde steht eine eigentliche Vertretung nicht zu, er hat nur die Tätigkeit des Vormundes zu beaufsichtigen und dessen Erklärungen gegebenenfalls zu genehmigen.

Zur Legitimation der Vormünder dienen die Bestallungen, § 1791 Abs. 1, 1792 Abs. 4 BGB.

Diese sind in Urschrift vorzulegen, da hieraus allein ersichtlich wird, daß das Amt nicht erloschen ist. Joh. Bd. 25 S. A 120. Bezugnahme auf die bei demselben Amtsgericht befindlichen Vormundschaftsakten ist zulässig.

Die Rechtsgeschäfte des Vormundes bedürfen zur Wirksamkeit unter Umständen außer der Genehmigung des Gegenvormundes auch noch die des Vormundschaftsgerichts. Für den Grundbuchrichter kommen insbesondere nachfolgende Fälle in Betracht:

2. Genehmigung des Gegenvormundes ist notwendig und ausreichend, § 1812 BGB., zur Verfügung über ein Recht, kraft dessen der Mündel eine Leistung verlangen kann, also zur Verfügung über eine Hypothek, Grundschuld und Rentenschuld durch Abtretung und Löschung. Vorausgesetzt wird jedoch, daß die Forderung gezahlt und gleichzeitig über den Empfang derselben quittiert wird. Ist dieses nicht der Fall, sondern soll nur die Hypothek aufgegeben werden, die Forderung aber fortbestehen, so findet § 1822 Nr. 13 Anwendung, welcher vormundschaftsgerichtliche Genehmigung anordnet. Joh. Bd. 27 S. A 169.

Soweit die dem Mündel zustehende Leistung 300 Mark nicht übersteigt, kann der Vormund, § 1813 Abs. 2 BGB., sogar ohne Mitwirkung des Gegenvormundes verfügen, ebenso hat der befreite Vormund, § 1852 Abs. 2 BGB., das Verfügungsrecht allein.

Ist ein Gegenvormund nicht vorhanden oder seine Genehmigung aus rechtlichen oder tatsächlichen Gründen nicht zu erlangen, so kann dieselbe durch das Vormundschaftsgericht ersetzt werden. § 1812 Abs. 2 u. 3.

3. Vormundschaftsgerichtliche Genehmigung ist zu den in §§ 1821, 1822 BGB. aufgeführten Rechtsgeschäften erforderlich, in Grundbuchsachen mithin hauptsächlich

a) zu Verfügungen über Grundstücke und denselben gleichgestellte Rechte, als Erbbaurecht, Bergwerkseigentum des neuen Rechts, unbewegliche Kuxe des alten Rechts, selbständige Kohlenabbaugerechtigkeiten, Fischereigerechtsame und sonstige Gerechtigkeiten, die ein besonderes Grundbuchblatt haben. § 1821 Nr. 1 BGB.

Als Verfügungen sind aber, Joh. Bd. 20 S. A 237, alle diejenigen Rechtsgeschäfte anzusehen, durch welche unmittelbar Rechte übertragen, belastet, geändert und aufgehoben werden, es gehören deshalb besonders hierher:

α) Veräußerungen von Mündelgrundstücken.

Die Auflassung bedarf keiner nochmaligen Genehmigung, wenn das ihr zugrunde liegende Veräußerungsgeschäft genehmigt ist.

Die Genehmigung muß ausdrücklich oder den Umständen nach zur Eigentumsübertragung erteilt sein. Ist dieselbe zum Veräußerungsgeschäfte erteilt, so ist der Vormund zur Abgabe der Auflassungserklärung befugt, bedarf weder einer ausdrücklichen Ermächtigung zu derselben, noch der Mitwirkung des Gegenvormundes.

β) Belastung des Mündelgrundstückes mit einer Dienstbarkeit, Reallast und Vorkaufsrecht, sowie mit einer Hypothek, Grundschuld und Rentenschuld oder mit einer Vormerkung zur Sicherung eines dieser Rechte.

Eine der vormundschaftsgerichtlichen Genehmigung bedürfende Belastung ist auch bei jeder Vermehrung des das Mündelgrundstück belastenden Rechts erforderlich, z. B. bei Erhöhung der Zinsen, Ausschließung oder Hinausschiebung der Kündigung, Joh. Bd. 29 S. A 20, Unterwerfung unter die sofortige Zwangsvollstreckung. Joh. Bd. 21 S. A 19.

b) Verfügung über ein für das Mündel eingetragenes Recht. § 1821 Nr. 1. Die Hypotheken, Grundschulden und Rentenschulden gehören jedoch (§ 1821 Abs. 2) nicht zu diesen Rechten, sondern nur Dienstbarkeiten, Reallasten und Vorkaufsrechte. Zur Änderung, Aufhebung und Belastung der letzteren ist also vormundschaftsgerichtliche Genehmigung erforderlich, bei den Hypotheken, Grundschulden und Rentenschulden nur Genehmigung des Gegenvormundes, s. Nr. 2.

c) Zu einem Vertrage über den entgeltlichen Erwerb eines Grundstückes oder ein Recht an einem solchen gegen Entgelt. § 1821 Nr. 4.

Einen Vertrag über unentgeltlichen — schenkungsweisen — Erwerb eines Grundstückes kann der Vormund ohne vormundschaftsgerichtliche Genehmigung wirksam abschließen, auch zur Durchführung desselben die Auflassung entgegennehmen, sobald aber für das Mündel Gegenverpflichtungen entstehen, z. B. durch Übernahme eingetragener Hypotheken oder Lasten, Zahlung eines Kaufpreises, ist Genehmigung des Vormundschaftsgerichts erforderlich.

d) Zur Aufhebung oder Verminderung der für eine Mündelforderung bestehenden Sicherheit. § 1822 Nr. 13.

Zu den in der Praxis häufig vorkommenden Entlassungen einzelner Grundstücke oder Trennstücke aus der Pfandhaft für die Mündelforderung ist mithin stets vormundschaftsgerichtliche Genehmigung erforderlich, ebenso zu Rücktrittserklärungen hinsichtlich des

Mündelrechts, während zur vollständigen Löschung unter gleichzeitiger Quittungsleistung die Erklärung des Vormundes und Gegenvormundes genügt, s. Nr. 2 vorstehend.

4. Die Genehmigung des Gegenvormundes sowie des vormundschaftlichen Gerichtes muß dem Grundbuchrichter in der Form des § 29 ausdrücklich nachgewiesen, ebenso die gehörige Zufertigung der Genehmigung an die hierfür zuständige Person dargetan werden.

Ein strenger Nachweis, daß die Genehmigung dem Vormunde gegenüber erklärt (§ 1828) und bei zweiseitigen Geschäften durch diesen dem anderen Beteiligten mitgeteilt sei (§ 1829), wird zwar nicht verlangt, der Grundbuchrichter muß jedoch in jedem einzelnen Falle die Sachlage prüfen und darf die verlangte Eintragung nur vornehmen, wenn über die gehörige Erteilung der Genehmigung begründete Zweifel nicht obwalten. Joh. Bd. 35 S. A 231. Andernfalls ist der Antrag zurückzuweisen, z. B.

a) Wenn der Eigentümer unter Vorlegung einer nicht genehmigten Freilassungserklärung des Vormundes den Antrag auf Eintragung der Pfandentlassung stellt, so ist derselbe abzulehnen: denn die Freilassungserklärung ist als einseitiges Rechtsgeschäft ohne die Genehmigung nach § 1831 Satz 1 nichtig. Die Unwirksamkeit ist absolut und kann nicht durch nachträgliche Genehmigung geheilt werden, so daß eine Zurückgabe zur Hebung des Mangels gemäß § 18 GBO. unzulässig ist, vielmehr eine vollständige Wiederholung zu erfolgen hat. Joh. Bd. 21 S. A 197.

   Ist dieselbe dem Grundbuchamte noch nicht vorgelegt, so würde die an sich ebenfalls vorhandene Unwirksamkeit noch durch nachträgliche Genehmigung gehoben werden können, da die Freilassungserklärung als teilweise Aufhebung eines Rechtes an einem Grundstücke gemäß § 875 BGB. sowohl dem Eigentümer als auch dem Grundbuchamte gegenüber erklärt werden kann. Bei der in solchem Falle nachträglich hinzutretenden Genehmigung würde zwar die dem Eigentümer gegenüber ohne Genehmigung abgegebene Freilassungserklärung nichtig sein, jedoch durch die nach Erteilung der Genehmigung erfolgte Einreichung beim Grundbuchamte diesem gegenüber eine erneute Erklärung in einer Zeit bewirkt werden, zu welcher die erfolgte Genehmigung vorlag. Joh. Bd. 24 S. A 216.

b) Bei zweiseitigen Verträgen, also auch bei Auflassungen, kann nach § 1829 BGB. die Genehmigung auch nach Abschließung des Geschäftes erteilt werden, zu ihrer Wirksamkeit ist aber erforderlich, daß sie dem Vormunde und von diesem dem anderen Beteiligten gegenüber erklärt ist.

   Der Grundbuchrichter wird deshalb die Auflassung eines Mündelgrundstückes nicht ablehnen können, wenn die erforderliche vormundschaftsgerichtliche Genehmigung nicht vorgelegt, ihr Nachweis aber in Aussicht gestellt wird. Joh. Bd. 26 S. A 313.

Unzulässig ist es jedoch, daß er selbst, mit oder ohne Antrag, das Auflassungsprotokoll oder den nicht genehmigten Kaufvertrag dem Vormundschaftsrichter zur nachträglichen Genehmigung vorlegt und nach Rückgabe der mit dem Genehmigungsvermerk versehenen Urkunden die Eintragung bewirkt, weil dann der Nachweis fehlen würde, daß die Genehmigung dem Vormunde gegenüber ausgesprochen und von diesem dem Erwerber mitgeteilt sei. Aus demselben Grunde würde er auch eine vom Vormundschaftsrichter ihm direkt zugestellte Genehmigung nicht zu berücksichtigen haben. Er würde dagegen diesen Beweis als geführt annehmen dürfen, wenn ihm die nachträgliche Genehmigung entweder von beiden Beteiligten oder nur vom Erwerber vorgelegt würde, da er in letzterem Falle die Zustellung seitens des Vormundschaftsrichters an den Vormund vermuten müßte.

## § 17. Vertretung durch Pfleger.

Für den in den gesetzlich zugelassenen Fällen zur Vertretung berufenen Pfleger gelten dieselben Vorschriften wie für den Vormund, § 1915 BGB. Derselbe hat sich dem Grundbuchrichter gegenüber ebenfalls durch seine Bestallung auszuweisen. Die Bestallung ist in Urschrift vorzulegen, zumal sie auch über den Umfang der Befugnisse Auskunft gibt, jedoch ist die Bezugnahme auf die bei demselben Gerichte befindlichen Pflegschaftsakten gestattet.

Da bei der Pflegschaft (§ 1915 Abs. 2) ein Gegenvormund nicht erforderlich ist und nur selten bestellt wird, muß die vormundschaftsgerichtliche Genehmigung regelmäßig auch zur Abtretung und Löschungsbewilligung von Hypotheken, Grundschulden und Rentenschulden (§ 1812 Abs. 2) eingeholt werden, sie ist auch selbst dann notwendig, wenn der Pfleger nach Ausweis der Bestallung nur zur Abgabe der betreffenden Erklärung berufen ist, Joh. Bd. 24 S. A 20, außer wenn derselbe bei seiner Bestellung ausdrücklich zur Abgabe der betreffenden Erklärung ermächtigt und dieses in der Bestallung unzweideutig hervorgehoben ist.

Als besondere in der Praxis am häufigsten vorkommende Fälle sind folgende anzuführen:

a) Pflegschaft ist notwendig, wenn ein Rechtsgeschäft des unter elterlicher Gewalt stehenden Kindes gegenüber dem Gewalthaber vorgenommen werden soll, z. B. Löschung oder Pfandentlassung einer für das Muttererbe des Kindes auf den Grundstücken des Vaters eingetragenen Hypothek, weil hierbei der Vater nach § 1630 Abs. 2 in Verbindung mit § 1795 Abs. 2 BGB. die Vertretung des Kindes nicht selbst wahrnehmen kann.

Dieser Fall würde aber selbst dann vorliegen, wenn der Vater das belastete Grundstück weiter veräußert hätte, da er, wenn seine Entlassung nicht etwa gemäß § 416 BGB. herbeigeführt ist, auch nach der Veräußerung weiter persönlicher Schuldner bleibt. Joh. Bd. 24 S. A 17.

b) Pflegschaft ist bei Auseinandersetzung der Eltern oder eines Elternteiles mit den unter elterlicher Gewalt oder Vormundschaft stehenden Personen nach § 1630 Abs. 2 in Verbindung mit § 1795 Abs. 2 und § 181 BGB. erforderlich.

Wird hierbei die Auseinandersetzung in der Weise vorgenommen, daß die Minderjährigen untereinander in ungeteilter Erbengemeinschaft bleiben, so reicht für dieselben ein gemeinschaftlicher Pfleger aus. Erfolgt aber gleichzeitig auch die Auseinandersetzung der Minderjährigen untereinander, so daß für jeden von ihnen das ihm zukommende Erbteil ausgemittelt wird, so muß auch für jeden einzelnen im Hinblick auf § 181 BGB. ein besonderer Pfleger zugezogen werden. Andernfalls ist die Auseinandersetzungsverhandlung ihrem ganzen Inhalte nach nichtig, die Nichtigkeit wird auch durch die Erteilung der vormundschaftlichen Genehmigung nicht geheilt. Joh. Bd. 22 S. A 34. Auf Grund dieser Verhandlung können deshalb Grundbucheintragungen nicht bewirkt werden, namentlich kann in einem solchen Falle der überlebende Ehegatte, wenn er in zulässiger Weise, Joh. Bd. 26 S. A 113, den gesamten Nachlaß zur aktiven und passiven Vertretung gegen Abfindung der Kinder übernommen hat, nicht als Eigentümer eingetragen werden.

## § 18. Vertretung kraft elterlicher Gewalt.

Die Eltern sind kraft elterlicher Gewalt zur Vertretung ihrer minderjährigen Kinder befugt, §§ 1626, 1627 bzw. 1686 BGB., und zwar an erster Stelle der Vater allein, und nur wenn der Vater die Gewalt nicht mehr ausüben kann oder darf, die Mutter. Die Inhaber der elterlichen Gewalt haben sich, wenn dem Grundbuchrichter nicht auf andere Weise Gewißheit verschafft werden kann, durch Vorlegung der Geburtsurkunden ihrer angeblich noch minderjährigen Kinder auszuweisen, die Mutter außerdem gegebenenfalls durch Vorlegung der Sterbeurkunde oder Todeserklärung ihres Ehemannes bzw. der gerichtlichen Entscheidung, durch welche sie bei Lebzeiten desselben, z. B. in den Fällen der §§ 1680, 1684, 1685 BGB. zur Ausübung legitimiert ist. Der Inhaber der elterlichen Gewalt wird hinsichtlich der Vermögensverwaltung ebenfalls durch den Vormundschaftsrichter beaufsichtigt, hat deshalb § 1643 bzw. 1686 BGB. zu den in § 1821

Nr. 1—3, § 1822 Nr. 1, 3, 5, 8—11 aufgeführten Rechtsgeschäften dessen Genehmigung nachzuweisen.

Für den Grundbuchrichter sind besonders nachfolgende Fälle wichtig:

1. Soweit Verfügungen über Grundstücke und denselben gleichgestellte Rechte in Frage kommen, hat der Inhaber der elterlichen Gewalt die vormundschaftsgerichtliche Genehmigung in derselben Weise wie der Vormund, s. § 16 Nr. 3, darzutun. Die Beschränkung des § 1821 Nr. 4 BGB. trifft ihn dagegen nicht, er darf mithin ohne Genehmigung Grundstücke auch gegen Entgelt erwerben, und die zu ihrer Durchführung erforderliche Auflassung entgegennehmen. Joh. Bd. 24 S. A 103.

Die Genehmigung wird aber auch hier notwendig, wenn das erworbene Grundstück in Mitleidenschaft gezogen wird, wenn z. B.

a) die auf dem Grundstücke eingetragenen Hypotheken in Anrechnung auf den Kaufpreis übernommen werden sollen Joh. Bd. 28 A 6;

b) wenn ein Teil des Kaufpreises auf dem Grundstücke als Hypothek eingetragen werden soll. Joh. Bd. 32 S. A 232.

2. Weiter kann der Inhaber der elterlichen Gewalt ohne Genehmigung die für eine Forderung des Mündels bestehende Sicherheit ändern und aufheben, es besteht mithin für ihn die Beschränkung des § 1822 Nr. 13 BGB. nicht. Er kann daher selbständig Erklärungen über Freilassung von Grundstücken oder Grundstücksteilen auch nachteilige Rangänderungen wirksam erklären.

3. Endlich fallen für ihn die Beschränkungen des § 1812 BGB. weg, so daß er über Hypotheken, Grundschulden und Rentenschulden Löschungsbewilligungen, Abtretungen und Verpfändungen vornehmen darf.

4. Ist jedoch der Mutter gemäß § 1687 BGB. ein Beistand für alle Angelegenheiten oder zur Mitwirkung bei der Vermögensverwaltung bestellt, so hat dieser nach § 1690 BGB. die Stellung eines Gegenvormundes, muß deshalb bei den zu 3 aufgeführten Geschäften zugezogen werden. Ob ein Beistand bestellt ist, wird in jedem einzelnen Falle erörtert werden müssen. In der Regel wird sich der Grundbuchrichter mit der Versicherung der Mutter begnügen dürfen, da die Einleitung einer Beistandschaft die Ausnahme bildet, er muß aber, wenn sich für das Vorhandensein eines Beistandes nur der geringste Anhalt ergibt, weitere Ermittelung durch Einsichtnahme der betreffenden Akten anstellen, gegebenenfalls, wenn für die Beistandschaft ein auswärtiges Gericht zuständig ist, dieses um Auskunft ersuchen.

## § 19. Vertretung einzelner juristischer Personen des öffentlichen Rechts.

Die Vertretung der juristischen Personen des öffentlichen Rechts erfolgt durch die mit der Vermögensverwaltung betrauten Organe. Die von diesen ausgestellten Urkunden über Rechtsgeschäfte sind von dem Grundbuchrichter aber nur dann zu berücksichtigen, wenn sie die Form des Art. 9 AG. z. BGB. haben, insbesondere also mit Siegel oder Stempel versehen sind. Da nun eine Anbringung des Siegels unter einem gerichtlichen oder notariellen Protokolle nicht angängig ist, wird bei jeder notwendigen protokollarischen Erklärung, z. B. bei Auflassungen, die Vertretung der juristischen Person nur durch eine in öffentlicher Form bevollmächtigte natürliche Person zulässig sein. Gehört der Bevollmächtigte zu den berufenen Vertretern der juristischen Person, so kann er gleichwohl als solcher die auf ihn lautende Vollmacht mit vollziehen.

Für die mit dem Grundbuchamte am meisten in Berührung kommenden juristische Personen gilt folgendes:

1. **Stadtgemeinden.** Städteordnung für die östlichen Provinzen v. 30. 5. 53, GS. S. 261.

Die zur Verwaltung berufenen Organe sind: Der Magistrat mit dem Bürgermeister an der Spitze und die Stadtverordnetenversammlung. Der Magistrat hat die Vertretung nach außen. Die von ihm über die Beschlüsse der städtischen Behörden ausgestellten Urkunden und Vollmachten binden die Stadtgemeinde, wenn sie in deren Namen ausgestellt, von dem Bürgermeister (Vorsteher) und noch einem Magistratsmitgliede unter Beifügung der Amtsstellung unterschrieben und mit dem Siegel versehen sind.

Genehmigung des Bezirksausschusses, § 16 Ges. v. 1. 8. 83, in Berlin des Polizeipräsidenten, §§ 42, 43 Ges. v. 30. 7. 83, ist erforderlich zur Veräußerung von Grundstücken und denselben gleichgestellten Rechten.

2. **Landgemeinden.** Landgemeindeordnung für die östlichen Provinzen v. 3. 7. 91, GS. S. 223.

Die Organe der Verwaltung sind der Gemeindevorstand (Schulze und Schöffen) und die Gemeindevertretung. Urkunden über Rechtsgeschäfte und Vollmachten sind für die Gemeinde bindend, § 88 Nr. 7, wenn sie auf den Namen der Gemeinde ausgestellt und unter Bezugnahme auf den betreffenden Beschluß der Gemeindevertretung vom Gemeindevorsteher und mindestens einem Schöffen unterzeichnet und mit dem Gemeindesiegel versehen sind. Zur Veräußerung und Belastung von Grundstücken ist die Genehmigung des Kreisausschusses erforderlich. § 114 Landgem.-Ordnung.

Außerdem muß bei Erwerb und Veräußerung von Grundstücken durch den Vorsitzenden des Kreisausschusses bescheinigt werden, daß die hierfür in der Gemeinde bestehenden besonderen Vorschriften beachtet sind, § 88 Nr. 7 Abs. 3.

3. **Kreis.** Kreisordnung für die östlichen Provinzen v. 13. 12. 72 in der Fassung des Ges. v. 19. 3. 81, GS. S. 179.

Organe sind Kreisausschuß und Kreistag, Vorsitzender der Landrat. Der Kreisausschuß vertritt den Kreis nach außen; die von ihm ausgestellten Urkunden verpflichten den Kreis, wenn sie unter Bezugnahme auf die Beschlüsse der Vertretungen vom Landrate und zwei Kreisausschußmitgliedern unterschrieben und mit dem Siegel des Kreisausschusses oder des Landrates versehen sind. Nur zur Veräußerung und Belastung von Grundstücken ist Genehmigung des Bezirksausschusses erforderlich.

4. **Kirchen und Pfarren.**

a) Evangelische Kirchengemeinden der östlichen Provinzen Ges. v. 25. 5. 74, GS. S. 147, Synodalordnung v. 10. 9. 73, GS. S. 417.

Die Organe sind: der Gemeindekirchenrat mit dem bzw. einem Pfarrer an der Spitze und die Gemeindevertretung. Der Gemeindekirchenrat hat die Vertretung nach außen, die von ihm ausgestellten Urkunden sind bindend, wenn sie vom Vorsitzenden und zwei Mitgliedern des Gemeindekirchenrates (Älteste) unterschrieben und mit dem Kirchensiegel versehen sind. Die Beschlüsse der kirchlichen Vertretung unterliegen der Genehmigung des Patrones, wenn derselbe zu den Kirchenlasten beisteuert. Ist der Patron eine Privatperson, so muß seine Unterschrift gerichtlich oder notariell beglaubigt werden. Weiter ist Genehmigung der kirchlichen **und** staatlichen Aufsichtsbehörden erforderlich, und zwar ist dieselbe notwendig: zum Erwerbe und Veräußerung von Grundstücken und denselben gleichgestellten Rechten, zu Anleihen und Verleihen von Geld. Als kirchliche Aufsichtsbehörde ist sie bis zum Werte von 10000 Mark vom Konsistorium, darüber hinaus vom Oberkirchenrat zu erteilen. Als staatliche Aufsichtsbehörde hat in denselben Fällen bis zu 100000 Mark der Regierungspräsident, in Berlin der Polizeipräsident, darüber hinaus der Kultusminister zu genehmigen, jedoch ist nach Art. 7 AG. z. BGB. bei Erwerb bis zum Werte von 5000 Mark eine staatliche Genehmigung nicht erforderlich. Joh. Bd. 26 S. A 257.

b) Katholische Kirchengemeinden Ges. v. 20. 6. 75, GS. S. 241, Verordnung v. 27. 9. 75, GS. S. 571, u. v. 30. 1. 93.

Die Organe der Verwaltung sind: Der Kirchenvorstand und Patron mit dem Pfarrer als Vorsitzenden und die Gemeindevertretung. Der Kirchenvorstand vertritt die Gemeinde nach außen; seine Urkunden sind bindend, wenn sie vom Vorsteher und zwei Mitgliedern des Kirchenvorstandes unterschrieben und mit dem Siegel versehen sind. Die Genehmigung der kirchlichen und staatlichen Aufsichtsbehörden ist in derselben Weise wie zu a) erforderlich. Die kirchliche Aufsichtsbehörde ist stets der Bischof, der aber Erwerb nicht zu genehmigen hat. Der Erwerb bis 5000 Mark, Art. 7 AG. z. BGB., erfordert eine staatliche Genehmigung nicht.

c) Jüdische Religionsgemeinschaften Ges. v. 23. 7. 47, GS. S. 263. Die Verwaltungsorgane sind der Vorstand und die Repräsentantenversammlung. Der Vorstand vertritt die Gemeinde nach außen; seine Urkunden müssen von sämtlichen Vorstandsmitgliedern unterschrieben und mit Siegel versehen werden. Zum Erwerb und zur Veräußerung von Grundstücken und denselben gleichgestellten Rechten ist Zustimmung der Repräsentantenversammlung und Genehmigung des Regierungspräsidenten bzw. Polizeipräsidenten nachzuweisen.

5. **Öffentliche Volksschulen.** Ges. v. 28. 7. 06, GS. S. 335.

Es sind zu unterscheiden die für jede Stadt- oder Landgemeinde oder selbständigen Gutsbezirk bestehenden besonderen Schulverbände und die aus mehreren Stadt- oder Landgemeinden oder Gutsbezirken gebildeten Gesamtschulverbände.

I. Die besonderen Schulverbände werden in vermögensrechtlichen Angelegenheiten, mithin auch in Grundbuchsachen vertreten:

a) in den Städten durch Magistrat und Stadtverordnetenversammlung § 43 Abs. 1. Hinsichtlich der Form der Urkunden und Genehmigung gilt deshalb dasselbe, wie vorstehend unter Nr. 1;

b) in Landgemeinden durch den Gemeindevorstand, Schulzen und Schöffen, und die Gemeindevertretung, § 46 Abs. 1. Hinsichtlich der Form der Urkunden und der Genehmigung gilt dasselbe, wie vorstehend unter Nr. 2;

c) in selbständigen Gutsbezirken durch den Gutsvorsteher. Gehören zum Gutsbezirke noch andere Eigentümer oder Erbbauberechtigte oder Steuerzahler, die nicht im Lohn oder Dienstverhältnisse zum Gutsbesitzer stehen, so ist nach § 46 Abs. 1 am Schlusse und Abs. 2 in Verbindung mit § 8 Abs. 2 eine Gutsvertretung zu bestellen und die Vertretung durch Statut zu regeln. Der Gutsvorsteher hat in diesem Falle die Stellung des Gemeindevorstehers und gilt dann dasselbe wie unter Nr. 2.

II. Sind mehrere Gemeinde- oder Gutsbezirke zu einem Gesamtschulverbande vereinigt, so hat der gebildete Gesamtschulvorstand und Verbandsvorsteher die Vertretung. Die Urkunden sind bindend, wenn sie im Namen des Gesamtschulverbandes ausgestellt, vom Verbandsvorsteher oder seinem Stellvertreter und einem Mitgliede des Gesamtschulvorstandes unterschrieben und mit dem Siegel des Gesamtschulverbandes versehen sind, § 53 Abs. 4. Für die Genehmigung gilt dasselbe, was vorstehend Nr. 1 und 2 gesagt ist, es hat mithin der Bezirksausschuß oder der Kreisausschuß oder beide zu genehmigen, je nachdem nur Schulen von Stadtgemeinden oder Landgemeinden bzw. Gutsbezirken in Frage kommen oder zum Verbande städtische und ländliche Schulen gehören.

6. **Sparkassen.**

Die städtischen und Kreissparkassen sind an sich Teile der städtischen und Kreisverwaltung, sie bilden mithin der Regel nach keine besondere juristische Person. Das Vermögen derselben gehört unter allen Umständen der Stadt oder dem Kreise, diese sind daher auch im Grundbuche einzutragen, Joh. Bd. 28 S. A 71.

Gemäß des Reglements v. 12. 12. 38, GS. 1839 S. 5 können die Sparkassen jedoch durch genehmigtes Statut mit selbständiger Verwaltung versehen und kann als Verwaltungsorgan ein besonderes Kuratorium, Vorstand, bestellt werden. Diese Kuratorien sind dann § 59 StO. v. 30. 5. 53, § 54 v. 15. 5. 56, § 66 v. 14. 4. 69 bzw. § 167 KreisO. v. 13. 12. 72, § 92 v. 6. 5. 84, § 130 v. 26. 5. 88, besondere städtische Deputationen bzw. Kreiskommissionen, die, wie der Magistrat bzw. der Kreisausschuß die Befugnis zur Ausstellung öffentlicher Urkunden und zur Führung eines Siegels haben, Joh. Bd. 26 S. A 255. Diese Urkunden müssen, wenn im Statut nicht etwas anderes vorgeschrieben ist, von sämtlichen Mitgliedern des Kuratoriums unterschrieben werden, Joh. Bd. 28 S. A 246.

Daß die Sparkasse eine besondere juristische Person ist, muß durch Vorlegung der beglaubigten Statuten dargetan werden. Beglaubigung durch den Bürgermeister bzw. Landrat wird für ausreichend gelten dürfen. Durch eine Bescheinigung kann aber die Vorlegung nicht ersetzt werden. Joh. Bd. 33 S. A 200. Die Genehmigung der Beschlüsse der Sparkassen ist in derselben Weise, wie für die städtischen bzw. Kreisangelegenheiten erforderlich, s. Nr. 1 bzw. 3.

Eine Bescheinigung der Zugehörigkeit der Unterzeichner der Urkunden ist, wenn dieselbe gehörig ausgestellt ist, nicht erforderlich, Joh. Bd. 21 S. A 101.

Landgemeinden können ihren Sparkassen keine selbständige, von den Gemeindeorganen verschiedene Verwaltung geben. Joh. Bd. 26 S. A 254.

## § 20. Vertreter von Handelsgesellschaften und Vereinen.

1. Es werden vertreten:

a) Offene Handelsgesellschaften durch jeden einzelnen Gesellschafter, § 125 HGB.;

b) Aktiengesellschaften durch den aus einem oder mehreren Personen bestehenden Vorstand, §§ 231—235 HGB.;

c) Kommanditgesellschaften durch jeden persönlich haftenden Gesellschafter § 161 HGB.;

d) Kommanditgesellschaften auf Aktien ebenfalls durch jeden persönlich haftenden Gesellschafter. §§ 320, 161, 125 HGB.

e) Erwerbs- und Wirtschaftsgenossenschaften durch sämtliche, mindestens aus zwei Personen bestehende Vorstandsmitglieder, § 35 des Ges. v. 1. 5. 89 in der Fass. der Bekanntm. v. 20. 5. 98;

f) Eingetragene Vereine durch den Vorstand, § 26 BGB.

2. Die Mitglieder der offenen Handelsgesellschaft und die vorgedachten (b—f) Vertreter müssen im Handelsregister bzw. Vereinsregister eingetragen werden. Ebenso muß die überall zulässige Abänderung der gesetzlichen Vertretung etwa dahin, daß nur mehrere Personen gemeinschaftlich die Vertretung ausüben dürfen, daß zur Vertretung eines Vorstandsmitgliedes noch ein Prokurist hinzutreten soll, in den Registern aufgenommen sein.

Die Zeugnisse der Registergerichte, welche nach § 33 GBO. bzw. § 69 BGB. zur Legitimation der Vertreter erforderlich, aber auch ausreichend sind, müssen deshalb auch hierüber Auskunft erteilen.

Da das Zeugnis jedoch nur für die Zeit der Ausstellung beweiskräftig ist, hängt es vom pflichtmäßigen Ermessen des Grundbuchrichters ab, ob er dasselbe längere Zeit nach der Ausstellung für maßgebend ansehen kann, er soll aber seine Entscheidung unter Berücksichtigung der vorliegenden Umstände treffen, Joh. Bd. 20 S. A 179.

Die Vorlegung des Zeugnisses kann durch die Bezugnahme auf das bei demselben Amtsgerichte geführte Register ersetzt werden, § 35 GBO., der Grundbuchrichter hat dann das Register einzusehen und das Ergebnis der Einsicht zu seinen Akten zu vermerken.

3. Die vorgedachten Vertreter der Gesellschaften können einen von ihnen oder eine fremde Person zu einzelnen Grundbuchgeschäften Vollmacht erteilen. Die Vollmacht muß aber von sämtlichen zur Vertretung berufenen Personen unterzeichnet werden, es kann nicht einer der Mitvertreter nur seine Befugnisse auf den anderen übertragen. Joh. Bd. 20 S. A 74.

Auch die Erteilung einer Generalvollmacht von seiten des Vorstandes an ein Vorstandsmitglied ist zulässig, jedoch unter der Voraussetzung, daß der Generalbevollmächtigte vom Vorstande abhängig bleibt, nicht etwa dessen Befugnisse vollständig beseitigt. Joh. Bd. 21 S. A 106, Bd. 32 S. A 187.

4. Durch Erteilung von Prokura kann bei Handelsgesellschaften die Ausführung sämtlicher Geschäfte, die das betreffende Handelsgewerbe mit sich bringt, übertragen werden. Die Erteilung der Prokura ist mit etwaigen Beschränkungen im Handelsregister einzutragen, und dient der Auszug aus dem Register zur Legitimation des Prokuristen.

Der unbeschränkte Prokurist kann Grundstücke erwerben, Hypotheken abtreten und löschen lassen. Nur zur Veräußerung und Belastung von Grundstücken ist er an sich nicht befugt, bedarf hierzu vielmehr einer besonderen Ermächtigung. Wenn diese, was zulässig, Joh. Bd. 25 S. A 250, im Register mit aufgenommen ist, reicht zu seiner Legitimation der Registerauszug aus, anderenfalls ist dieselbe in der Form des § 29 GBO. darzutun.

Der Nachweis ist auch erforderlich zur Eintragung eines Kaufgelderrückstandes bei den von dem Prokuristen erworbenen Grundstücken.

5. Wenn nach dem Gesellschaftsvertrage und dem Register für die Wirksamkeit der Unterschrift der Vertreter eine bestimmte Form vorgeschrieben ist, z. B. die Firmenzeichnung außer den Namen, so gilt diese Anordnung für die Unterzeichnung protokollarischer Erklärungen gleichwohl nicht, hier bedarf es nur der Unterzeichnung mit den einfachen Namen der Vertreter, Joh. Bd. 21 S. A 104.

## § 21. Behandlung der Eintragungsanträge.

Der Grundbuchrichter hat die ihm vorgelegten Anträge und Ersuchen, sowie die denselben beigefügten Bewilligungen und weiteren zur Eintragung erforderlichen Urkunden, insbesondere Legitimationsurkunden, zu prüfen und nach dem Resultat seiner Prüfung die Entscheidung zu treffen.

Die Prüfung hat sich insbesondere darauf zu erstrecken

a) ob der Bewilligende oder Antragsteller zur wirksamen Abgabe seiner Erklärung überhaupt oder im vorliegenden Falle befugt ist, ob er rechtsfähig, geschäftsfähig, im Grundbuche als Berechtigter eingetragen bzw. gehörig bevollmächtigt ist, und ob die Erklärungen mit den vorgeschriebenen Genehmigungen versehen sind,

b) ob die für die Erklärungen bestehenden Formen gewahrt sind,

c) ob das durch die bezweckte Eintragung betroffene Grundstück gemäß § 28 GBO. gehörig bezeichnet ist,

d) ob der in Aussicht genommene Berechtigte als solcher eingetragen werden darf,

e) ob das fragliche Recht zu den eintragungsfähigen gehört.

Fehlt es an einem dieser oder der weiter durch die Gesetze für die Eintragung vorgeschriebenen Erfordernisse, so kann dem Antrage nicht stattgegeben, vielmehr muß nach § 18 GBO. die Zurückweisung ausgesprochen oder eine Zwischenverfügung zur Behebung des Mangels erlassen werden.

1. Die *Zurückweisung* muß stets erfolgen, wenn der hervorgetretene Mangel nicht abzustellen ist; u. a. wenn die Eintragungsbewilligung von einem Geschäftsunfähigen erklärt oder bei einem einseitigen, empfangsbedürftigen Rechtsgeschäfte die Erklärung ohne die notwendige Genehmigung abgegeben, also unwirksam ist, oder wenn die Eintragung der Verpflichtung zu einer Handlung oder einer Eigentumsbeschränkung, also eines nicht eintragungsfähigen Rechts verlangt wird. Durch die Zurückweisung wird der Antrag vollständig beseitigt, der durch die Vorlegung begründete Rang, §§ 13, 17 GBO., geht verloren, ein später eingegangener, dasselbe Recht be-

treffender Antrag wird ohne Rücksicht auf den zurückgewiesenen erledigt. — Hieran wird auch durch eine spätere Aufhebung der Zurückweisung von seiten des Beschwerdegerichts nichts geändert, falls nicht, § 76 GBO., auf Anordnung desselben eine Vermerkung oder Widerspruch eingetragen war. Die Zurückweisung, welche kostenpflichtig zu erfolgen hat und mit Gründen zu versehen ist, muß dem Antragsteller selbst bekannt gemacht werden, eine Bekanntmachung an den Notar, der lediglich die Einreichung bewirkt hat. kann nicht als ausreichend gelten. Eine besondere Art der Bekanntmachung ist nicht vorgeschrieben, jedoch wird wegen der Folgen vereinfachte Zustellung, mindestens Mitteilung durch eingeschriebenen Brief zu empfehlen sein.

2. Ist eine Beseitigung des der Eintragung entgegenstehenden Hindernisses möglich, z. B. durch Beibringung des fehlenden Erbscheines, des Testamentsvollstreckerzeugnisses, der Urschrift der Vollmacht, des Hypothekenbriefes, so darf der Grundbuchrichter zwar auch die Zurückweisung aussprechen, er wird aber mit Rücksicht auf die mit derselben verknüpften Folgen — Entstehung der Zurückweisungskosten und Verlust des Ranges — in der Regel von der ihm in § 18 GBO. gegebenen Möglichkeit zum Erlaß einer Zwischenverfügung Gebrauch machen, zumal, wenn die Behebung des Mangels leicht und in kurzer Zeit zu erwarten ist.

Durch die Zwischenverfügung ist dem Antragsteller die Beseitigung des gerügten Mangels innerhalb einer angemessenen, von Hause aus fest bestimmten Frist aufzugeben, mit der Verwarnung, daß bei fruchtlosem Ablaufe derselben endgültige Zurückweisung verfügt werde. Ergibt sich nachträglich durch Erklärungen der Beteiligten oder auf andere Weise, daß die gewährte Frist zur Behebung des Hindernisses nicht ausreicht, so kann dieselbe sowohl auf Antrag, als auch von Amts wegen, sogar mehrfach, verlängert werden, Joh. Bd. 20 S. A 275. Die Zwischenverfügung ist grundsätzlich ebenfalls dem Antragsteller selbst bekanntzumachen, die Mitteilung zu Händen des Notars, der die Einreichung bewirkt und die Angelegenheit bearbeitet hat, erscheint jedoch im Interesse der Förderung unbedenklich, sogar zweckmäßig. Eine förmliche Zustellung oder Übersendung durch eingeschriebenen Brief ist, da Nachteile zunächst nicht entstehen, nicht notwendig. — Nach Ablauf der, gegebenenfalls verlängerten Frist, hat der gestellten Verwarnung gemäß, die kostenpflichtige Zurückweisung zu erfolgen. In der Zurückweisungsverfügung kann auf die Gründe der Zwischenverfügung Bezug genommen werden, jedoch nur, wenn dieselbe dem Beteiligten selbst zugestellt ist, nicht z. H. des Notars. Geht während der Frist ein dasselbe Recht betreffender anderweiter Antrag ein, so ist vor Erledigung dieses zur Sicherung des schwebenden Rechts gemäß § 18 Abs. 2 GBO. eine Vermerkung oder ein Widerspruch einzutragen, die bei rechtzeitiger Beseitigung des Hindernisses von Amts wegen in das beantragte Recht umzuschreiben, anderenfalls mit der Zurückweisung zu löschen sind.

Z. B.: Ein privatschriftlich Bevollmächtigter N. beantragt auf dem Grundstücke seines Vollmachtgebers die Eintragung einer Hypothek von 5000 Mk. Es wird ihm mit Frist von zwei Wochen die Vorlegung einer Vollmacht in öffentlicher Form aufgegeben. Innerhalb dieser Frist verlangt B. unter Vorlegung eines vollstreckbaren Erkenntnisses die Eintragung einer Sicherungshypothek von 3000 Mk. auf demselben Grundstücke. Es muß vor Eintragung der Sicherungshypothek eine Vormerkung etwa dahin eingetragen werden:

Vormerkung zur Sicherung einer Darlehnshypothek in Höhe von 5000 Mk. für A aus der Eintragungsbewilligung vom . . ., deren endgültige Eintragung von der Vorlegung einer gültigen Vollmacht des N. bis zum . . . abhängig gemacht ist. Eintragen am . . . Diese Vormerkung ist Abt. III Sp. 1—4 und zwar in Sp. 4 nach § 14 Abs. 2 AV. nur auf der linken Hälfte aufzunehmen.

## § 22. Eintragungsverfügung.

1. Geben die vorgelegten Eintragungsurkunden zu Bedenken keinen Anlaß, so ist die Eintragung zu bewirken. Dieselbe erfolgt auf Grund einer Eintragungsverfügung des Grundbuchrichters, in welcher derselbe die Stelle, an der die Eintragung geschehen soll, genau anzugeben und den Wortlaut des einzutragenden Vermerkes bestimmt vorzuschreiben hat. Da eine ausdrückliche Aufnahme des Vermerks in der Verfügung selbst nicht angeordnet ist, wird auch die Bezugnahme auf den an einer anderen Stelle befindlichen Wortlaut, z. B. in der Eintragungsbewilligung zulässig sein, jedoch nur, wenn der aufzunehmende Inhalt vollständig vorliegt, weil dem Grundbuchführer die Auswahl der Fassung weder gestattet noch zugemutet werden kann. Anderenfalls ist der vorliegende Entwurf durch Hinzufügung des noch Fehlenden zu ergänzen: z. B. Einzutr. pp., wie im Entwurfe mit dem Zusatze: Unter Bezugnahme auf die Eintragungsbewilligung vom . . . eingetragen am . . . Ebenso ist eine Bezugnahme auf den vom Richter in die Tabelle eingetragenen Vermerk zulässig, sogar gebräuchlich.

Der Grundbuchführer hat hierauf die Eintragung im Grundbuche selbst dem Wortlaute der Verfügung entsprechend zu bewirken und den Vermerk mit dem Datum zu versehen, § 45 GBO. Art. 6 AG. z. GBO. Beide Grundbuchbeamte haben sodann den Vermerk zu unterschreiben. Die Vollziehung kommt in der Regel in der Weise zustande, daß der Grundbuchführer bereits bei der Eintragung unterschreibt, der Richter dagegen erst bei der späteren Vergleichung, Kollationierung. Als Tag der Eintragung gilt der, an dem der Grundbuchführer die Einschreibung tatsächlich vorgenommen hat, nicht der, an welchem der Vermerk auch die letzte Unterschrift erhalten hat, da die lediglich durch Landesgesetz zur größeren Sicherheit angeordneten Unterschriften nicht zu den erforderlichen Voraussetzungen des in dieser Hinsicht allein maßgebenden Reichsrechts, § 45 GBO., gehören.

Wenn der Richter den Eintragungsvermerk nicht selbst in die Tabelle eingeschrieben hat, muß dieses vom Grundbuchführer nachgeholt werden. Sodann hat die Kollationierung des Grundbuchs- und Tabellenvermerks stattzufinden, des letzteren, weil nach § 34 Satz 2 AV. der Grundbuchrichter auch für seine Richtigkeit mit verantwortlich ist. Es wird somit eine doppelte Vergleichung notwendig sein, falls die Prüfung der Tabelle nicht einem dritten, unverantwortlichen Beamten anvertraut werden soll. Zur Vermeidung dieser Weiterung und zur Ersparung einer doppelten Abschreibung des Vermerkes empfiehlt es sich, die Verfügung direkt in die Tabelle zu bewirken.

2. An die Eintragungsverfügung haben sich auf Grund gesetzlicher Vorschriften noch weitere Anordnungen anzuschließen. Als solche kommen namentlich in Betracht:

a) Die Bekanntmachungen, § 55 GBO., an alle diejenigen Personen und Behörden, die an der Rechtsänderung ein Interesse haben, falls nicht ausdrücklich, was zulässig, auf die Benachrichtigung verzichtet ist. Zu benachrichtigen sind:

α) beim Eigentumswechsel.

Das Katasteramt, § 31 AV., welches eine Eigentumsveränderungsliste erhält.

Der Veräußerer, der Erwerber und die sämtlichen aus Abteilung II und III hervorgehenden dinglich Berechtigten.

Die dinglich Berechtigten müssen in der Verfügung ausdrücklich aufgeführt werden, wie auch der in den amtlichen Formularen vorgedruckte Entwurf erkennen läßt.

β) Bei Neueintragungen, Änderungen und Löschungen in Abteilung II und III außer dem Eigentümer der Berechtigte, bei Abtretung und Rangänderung **beide** in Frage kommenden Berechtigten, bei Belastung der Rechte mit Nießbrauch oder Pfandrecht der Pfandgläubiger und Pfandschuldner.

b) Bildung der Briefe bei Hypotheken, Grundschulden und Rentenschulden, sowie bei Hypothekenbriefen die Verbindung mit dem Forderungsdokument unter genauer Bezeichnung desselben und der Angabe, ob die Urkunde selbst oder eine Ausfertigung bzw. beglaubigte Abschrift derselben angeheftet werden soll. Eine zu bildende Ausfertigung ist anzuheften, wenn die Schuldurkunde vom Grundbuchamte aufgenommen ist, während bei Einreichung der Schuldurkunde diese selbst mit dem Briefe verbunden wird. Ausnahmsweise wird eine beglaubigte Abschrift anzuheften sein, nämlich wenn der Antragsteller die eingereichte Urschrift zurückverlangt, z. B. den Erbrezeß, weil aus demselben noch andere Eintragungen vorgenommen werden sollen.

3. Anordnung über den Verbleib der vorgelegten Urkunden, u. a. Kaufvertrag, Erbschein, Vollmacht. Soweit dieselben nur die fragliche Eintragung betreffen, sind sie, falls nicht Ausreichung beantragt ist, ohne Verfügung bei den Grundakten zu behalten, anderenfalls z. B. bei Generalvollmacht, Bestallungen, ist die Fertigung einer beglaubigten Abschrift und Ausreichung unter bestimmter Angabe, an wen dieselbe zu erfolgen hat, zu verfügen.

4. Wenn eine Eintragung mehrere Grundbuchblätter betrifft, z. B. Abschreibung eines Trennstücks, Gesamthypothek, muß auch bei den anderen Akten, bei welchen sich der Antrag nicht befindet, der Anlaß der dort erfolgten Eintragung festgestellt werden können. Zu diesem Zwecke wurde früher angeordnet, daß eine Abschrift der Verfügung zu jenen Akten genommen werde. Zur Vermeidung überflüssigen Schreibwerks und zur besseren Ersichtlichmachung empfiehlt sich jedoch die Anbringung eines einfachen Vermerkes etwa dahin: die Verfügung über Eintragung Abteilung III Nr. 4 befindet sich bei Diemitz Bl. 15 ONr. 7. — Wird dieser Vermerk nicht vom Richter selbst angebracht, so ist seine Anbringung durch den Gerichtsschreiber anzuordnen, etwa: Notiz zu den Akten Diemitz Bl. 10.

## § 23. **Grundakten.**

1. Für jedes einzelne Grundbuchblatt werden besondere Grundakten geführt, § 95 GBO., § 34 AV., die nach dem betreffenden Grundbuchbezirke und der Nummer des betreffenden Grundbuchblattes bezeichnet werden: Halle Bl. 427. Die früher vorgeschriebene Mitanführung des Bandes, Halle Bd. 17 Bl. 427, soll nach § 7 Nr. 4 GeschAnw. nur dann stattfinden, wenn ohne dieselbe Unzuträglichkeiten zu besorgen sind u. a., wenn in demselben Bezirke mehrere Bände mit Nr. 1 beginnen.

2. Die Grundakten bestehen aus den sämtlichen sich auf die Grundstücke des betreffenden Grundbuchblattes beziehenden Schriftstücken, insbesondere den Eintragungsurkunden, Legitimationsurkunden, Eintragungsverfügungen, Expeditionen, Kostenrechnungen, Zustellungsurkunden. Die einzelnen Schriftstücke sind mit fortlaufenden Blattzahlen zu versehen, § 7 Nr. 9 GeschAnw., die Eingänge entsprechend dem den Akten vorgehefteten Nummerverzeichnisse mit fortlaufenden Ordnungsnummern, zu denen auch die Anlagen gehören, § 8 Nr. 1 a. a. O., zu versehen.

Die den Eintragungen zugrunde liegenden oder im Eintragungsvermerke in Bezug genommenen Urkunden, einschließlich der Legitimationsurkunden, müssen bei den Akten verbleiben, ihre Herausgabe darf nur erfolgen, wenn von ihnen eine beglaubigte Abschrift gefertigt oder gleichzeitig mit eingereicht ist, § 9 GBO. Dasselbe gilt zur Ermöglichung einer Nachprüfung der Stempelverwendung von den den Auflassungen zugrunde liegenden Veräußerungsgeschäften, selbst wenn aus denselben eine Eintragung nicht bewirkt wird. § 16 Abs. 7 Allg. Verf. v. 6. 7. 09, JMBl. S. 239ff. Nur wenn sich eine Urkunde bereits in anderen der Vernichtung nicht unterliegenden Akten desselben Gerichts befindet, kann von Fertigung einer beglaubigten Abschrift abgesehen werden; § 95 GBO., § 35 Abs. 2 AV., es ist dann aber in einem Vermerke bei den Grundakten auf die anderen Akten unter bestimmter Angabe der Seite hinzuweisen, z. B. bei Testamenten, Erbscheinen, Vollmachten usw.

3. Bei den Grundakten ist nach § 34 Abs. 2 AV. eine Tabelle zu halten, die unter Verantwortung des Richters und Gerichtsschreibers wörtlich mit dem Inhalte des Grundbuchblattes übereinstimmen muß. Die Tabelle ist in einen Umschlag von starkem Papier zu heften und lose unter dem Aktendeckel zu verwahren, § 46 Abs. 3 GeschAnw. Derselben ist ein Wohnungsblatt vorzuheften, in welchem die glaubhaft bekannt gewordenen Wohnungsveränderungen oder angemeldeten Zustellungsbevollmächtigte auf Anordnung des Richters aufzunehmen sind, § 46 Nr. 4 a. a. O.

4. Die Einsicht der Grundakten und der Tabelle ebenso des Grundbuchs selbst ist nur dem zu gestatten, der ein berechtigtes Interesse darlegt, § 11 GBO., § 36 AV., also in erster Linie den Eigentümern und dinglich Berechtigten.

a) Verlangen andere Personen Einsichtnahme, so ist weder ein strenger Nachweis noch eine Glaubhaftmachung des Interesses erforderlich, es genügt schon die glaubhafte Anführung der Tatsachen, aus denen der Grundbuchrichter nach Lage der Sache ein Interesse folgern kann. Das letztere wird u. a. als berechtigt schon dann angesehen werden können, wenn der Nachsuchende nur einen persönlichen Anspruch, z. B. eine ausgeklagte Forderung gegen den Eigentümer oder einen dinglich Berechtigten hat, oder wenn er darlegt, daß er ernstlich den Erwerb eines Grundstücks oder einer Hypothek beabsichtigt, Joh. Bd. 20 S. A 173.

Die Einsicht kann auch durch einen mit dem Berechtigten erschienenen oder sich durch schriftlichen Auftrag ausweisenden Vertreter, z. B. Rechtsanwalt, ausgeübt werden, Joh. Bd. 22 S. A 122.

b) Der Notar darf ohne Vollmacht Einsicht nehmen, § 32 Abs. 2 AV., hat jedoch seinen Auftraggeber zu benennen und dessen berechtigtes Interesse darzulegen, Joh. Bd. 22 S. A 290.

Durch einen Vertreter, insbesondere seinen Bureauvorsteher kann der Notar die Einsicht nicht vornehmen lassen, da seine Ausnahmestellung lediglich ein Ausfluß seines öffentlichen Amtes und eine Übertragung deshalb ausgeschlossen ist.

c) Öffentliche Behörden bzw. die von ihnen beauftragten Beamten haben stets und ohne Darlegung eines berechtigten Interesses das Recht zur Akteneinsicht, § 32 Abs. 1 AV.

5. Soweit Akteneinsicht zu gestatten ist, muß auch dem Antrage auf Erteilung von Abschriften des Grundbuchblattes sowie der den Eintragungen zugrunde liegenden Urkunden stattgegeben werden, § 32 Abs. 3 AV.

6. Zur Erteilung von Auskunft aus dem Grundbuche oder den Akten ist der Grundbuchrichter weder Privatpersonen noch öffentlichen Behörden gegenüber verpflichtet, Joh. Bd. 21 S. A 273, Bd. 23 S. A 213, insbesondere dann nicht, wenn durch die Auskunftserteilung eine Vermehrung seiner Verantwortung eintreten würde. Er kann die um Auskunft Ersuchenden die Einsicht oder Erfordern von Abschriften anheimgeben.

## § 24. Grundbuchbezirke.

1. Nach § 2 Abs. 1 GBO. in Verbindung mit § 1 Abs. 2 AV. sind für jede Gemeinde, für jeden selbständigen Gutsbezirk und für jeden zwecks schnellerer Erledigung der Grundbuchanlegung etwa eingerichteten Anlegungsbezirk besondere Grundbücher anzulegen und zu führen. Es hat mithin zu geben ein Grundbuch der Stadtgemeinde Halle a. S., der Landgemeinde Diemitz, des selbständigen Gutsbezirks Parishof, des Anlegungsbezirks I der Stadtgemeinde N. die kurz Grundbuch von Halle a. S., bzw. Diemitz, bzw. Parishof, bzw. N., Anlegungsbezirk I benannt werden.

Bei den selbständigen Gutsbezirken, die wohl ausnahmslos durch Rittergüter, Staatsdomänen oder Oberförstereien gebildet werden, reicht die gedachte Bezeichnung aber nur aus, wenn sie einen besondern Namen führen. Haben sie dagegen, was die Regel sein dürfte, denselben Namen wie die benachbarte Stadt- oder Dorfgemeinde, in deren Gemarkung die zu ihnen gehörigen Grundstücke sämtlich oder zum größten Teile liegen, z. B. Rittergut Hohenturm und Dorf Hohenturm, Domäne Werben a. E. und Stadt Werben, so muß bei den Grundbuchbenennungen eine Unterscheidung gemacht werden, die sich am besten dadurch bewirken läßt, daß das Grundbuch der Gemeinde einfach nach deren Namen benannt, dem Grundbuche des gleichnamigen selbständigen Gutsbezirks noch die Bezeichnung „Gutsbezirk" hinzugefügt wird, so daß in obigen Fällen unterschieden wird zwischen Grundbuch von Hohenturm und von Hohenturm Gutsbezirk, bzw. von Werben a. E. und von Werben a. E. Gutsbezirk. Voraussetzung eines besonderen Grundbuchs für den Gutsbezirk ist natürlich, daß derselbe selbständig ist. Fehlt einem Rittergute diese Eigenschaft, so ist es mit seinen Grundstücken in dem Grundbuche der Gemeinde, zu dem es gehört, mit aufzunehmen. Grundsätzlich muß jedes Grundstück in das Grundbuch desjenigen Bezirks eingetragen werden, zu dem es gehört, der Wohnsitz des Erwerbers rechtfertigt namentlich eine Abweichung von dieser Regel nicht. Eine solche ist nur im Falle der Anlegung eines gemeinschaftlichen Blattes, § 4 GBO., oder der Vereinigung und Zuschreibung gemäß § 890 BGB. zulässig.

2. Die vorhandenen Grundbücher entsprechen vielfach den Vorschriften des § 1 AV. nicht. Wenn nun auch nach § 27 AV. ihre Fortführung für zulässig erklärt ist, wird der Grundbuchrichter gleichwohl im eigenen Interesse auf Herbeiführung des jetzt vorgeschriebenen Zustandes Bedacht nehmen müssen und die Beseitigung dieser Blätter durch die in § 20 AV. gestattete Umschreibung wegen Unübersichtlichkeit oder durch Übertragung der Grundstücke auf neue Blätter bei vorkommendem Eigentumswechsel nach Möglichkeit zu fördern haben.

Den gegenwärtigen Gesetzen entsprechen insbesondere nicht:

a) Die Grundbücher über die Rittergüter, in welchen sämtliche Rittergüter, Freigüter, exemte Güter, und zwar unabhängig davon, ob sie einen selbständigen Gutsbezirk bilden, in einem oder mehreren Bänden eingetragen sind. Die von ihnen abgetrennten Grundstücke, namentlich die häufig abveräußerten Schmieden, Gastwirtschaften, Bäckereien und Mühlen, sind regelmäßig in das Grundbuch der gleichnamigen Gemeinde übertragen.

   Dieser Zustand ist zu beseitigen, denn die besonderen Grundbücher über Rittergüter sind ungesetzlich, weil hinsichtlich ihrer von dem Vorbehalte des § 85 GBO. kein Gebrauch gemacht ist.

   Es sind deshalb für die einen selbständigen Gutsbezirk bildenden Rittergüter besondere Grundbücher gegebenenfalls mit der Bezeichnung Gutsbezirk s. N. 1 anzulegen, und in diesen bei sich darbietender Gelegenheit sowohl die Rittergüter selbst, als die von ihnen abgetrennten, noch zum Gutsbezirke gehörigen Grundstücke einzutragen.

   Da gerade bei selbständigen Gutsbezirken Abschreibungen nur selten vorkommen, wird in den anzulegenden neuen Bänden die Aufnahme von nur zehn Blättern das eintretende Bedürfnis auf viele Jahre decken.

   Die keinen selbständigen Gutsbezirk bildenden Rittergüter sind in das Grundbuch der Gemeinde, zu der dasselbe gehört, zu übertragen.

b) Die bei vielen Amtsgerichten vorhandenen kombinierten oder Gesamtgrundbücher, welche unter diesem oder einem ähnlichen Namen als einheitliches Grundbuch für eine größere oder geringere Anzahl von Gemeinden in der Weise eingerichtet sind, daß in den einzelnen Bänden zwar nur Grundstücke derselben Gemeinde geführt werden, daß aber die fortlaufenden Bände dem eintretenden Bedürfnisse gemäß für eine beliebige andere Gemeinde eingerichtet sind.

   Die in diesen Fällen durch Vereinigung der dieselbe Gemeinde betreffenden Bände unter Änderung der Band- und Blattnummern an sich mögliche Herstellung von Grundbüchern nach Bezirken dürfte kaum anzuraten sein, da, ganz abgesehen von dem hierdurch notwendig werdenden außerordentlichen Aufwand an Zeit und Mühe, infolge dieser Umarbeitung noch viele Jahre hindurch Weiterungen und Irrtümer seitens der Eigentümer und dinglich Berechtigten unvermeidlich sein würden.

Jedenfalls dürfen aber neue Bände des Gesamtgrundbuchs nicht mehr angelegt werden, vielmehr sind bei erforderlich werdenden Übertragungen für die einzelnen Gemeindebezirke besondere Grundbücher anzulegen und zu benutzen.

c) Die vorhandenen Hausgrundbücher, Flurgrundbücher, Grundbücher über geschlossene Güter bzw. Wandeläcker, in welchen die Grundstücke je nach ihrer Art eingetragen sind. Die zu erstrebende Beseitigung dieser nur Unübersichtlichkeit herbeiführenden mehrfachen Bücher desselben Grundbuchbezirks wird sich häufig durch Anlegung von gemeinschaftlichen Blättern erreichen lassen. Eine Fortsetzung derselben verbietet sich schon von selbst durch das Fehlen des passenden Formulars.

3. Die Grundbücher der einzelnen Bezirke bestehen der Regel nach aus mehreren Bänden, in welchen die Anzahl der Blätter oft verschieden und in jedem Bande bei Numerierung der Blätter mit Nr. 1 begonnen ist. Beides ist nach dem jetzigen Rechte unzulässig: denn nach §§ 1 und 2 AV. sind Bände und Blätter, letztere durch sämtliche Bände hindurch, mit fortlaufenden Nummern zu versehen, und die Notwendigkeit der Unterbringung einer gleichen Anzahl Blätter ergibt sich schon von selbst aus der Bestimmung des § 7 Nr. 4 GeschAnw. für die Gerichtsschreiber, da nur unter dieser Voraussetzung die Bezeichnung der Akten lediglich nach der Blattnummer durchführbar ist. — Zur Wahrung der Handlichkeit werden die Blätter eines Bandes die Zahl von 30 nicht wohl übersteigen dürfen. Das Einbinden der Grundbücher hat zur Verhütung der Einsicht unbefugter Personen vor der Benutzung zu erfolgen, jedenfalls dürfen die bereits mit Eintragungen versehenen Blätter zu diesem Zwecke nicht aus dem für die Grundbücher bestimmten Raume herausgegeben werden.

## § 25. Gemeinschaftliche Grundbuchblätter.

1. Nach § 3 GBO. soll jedes Grundstück, d. h. soweit nicht gemäß § 3 Abs. 2 und 3 AV. mehrere Parzellen eine Einheit, z. B. Rittergut, Bauerngut bilden, sogar jede Katasterparzelle, ein besonderes Grundbuchblatt erhalten.

Eine Befolgung dieser Vorschrift würde bei ländlichen Grundbüchern zumal in Gegenden mit zersplittertem Grundbesitz eine derartig erhebliche Zahl von Grundbuchblättern nötig machen, daß ihre Unterbringung Schwierigkeiten bereiten, ihre Übersichtlichkeit für den Eigentümer und den Grundbuchrichter kaum möglich sein würde. Aus diesem Grunde wird im allseitigen Interesse von der durch § 4 GBO. gestatteten Anlegung gemeinschaftlicher Blätter in so ergiebiger Weise Gebrauch gemacht, daß in Wirklichkeit der § 4 die Regel und der § 3 die Ausnahme bildet.

Ob ein gemeinschaftliches Blatt angelegt oder wieder aufgehoben werden soll, hängt nach der Fassung des § 4 GBO. lediglich vom Ermessen des Grundbuchrichters ab, ein Antrag des Eigentümers ist weder erforderlich, noch braucht derselbe berücksichtigt zu werden. Joh. Bd. 23 S. A 221. Voraussetzungen des gemeinschaftlichen Blattes sind:

a) die Grundstücke müssen demselben Eigentümer gehören.

Grundstücke, die einem Ehemann allein gehören, können sonach mit den der Ehefrau allein oder beiden Ehegatten gehörigen kein gemeinschaftliches Blatt erhalten. Ebensowenig würde ein gemeinschaftliches Blatt angelegt werden können, wenn das Gemeinschaftsverhältnis der Miteigentümer, § 48 GBO., bei den einzelnen Grundstücken verschieden wäre, z. B. Eheleute an einem Grundstücke Gesamteigentum in ehelicher Gütergemeinschaft haben, demnächst ein anderes nach Bruchteilen erwerben, oder Gesamterben zur ungeteilten Erbengemeinschaft an einem weiteren Grundstücke Miteigentum nach Bruchteilen erlangen, da in beiden Fällen die Gemeinschaft ein von den einzelnen Personen verschiedenes Rechtssubjekt darstellt. Wenn daher Miteigentümer ohne Angabe, ob sie das Eigentum nach Bruchteilen oder als Gesamthändler besitzen, ein Grundstück zu gleichen Anteilen erwerben, so wird dasselbe auf ihr bisheriges Grundbuchblatt erst übertragen werden können, wenn ermittelt und eingetragen ist, daß ihnen auch an den dort verzeichneten Grundstücken Eigentum nach Quoten zusteht. Die Verschiedenheit der Quoten derselben Miteigentümer würde dagegen die Anlegung eines gemeinschaftlichen Blattes nicht hindern.

b) Die Grundstücke müssen im Bezirk desselben Grundbuchamts liegen. Zugehörigkeit zu demselben Gemeinde- oder selbständigen Gutsbezirke ist nicht erforderlich, ebensowenig zu demselben Geschäftsbezirk. Gehören sie zu verschiedenen Amtsgerichtsbezirken, so können sie ein gemeinschaftliches Blatt nur als Bestandteile oder infolge von Vereinigung, § 890 BGB. und Art. 2 und 3 AG. z. GBO., oder als Teile eines Fideikommisses, § 86 GBO. und Art. 37 KV., erhalten, s. § 26.

c) Die Anlegung des gemeinschaftlichen Blattes darf zu Verwirrungen keine Besorgnis bieten. Ob und wann diese Befürchtung vorliegt, muß in jedem einzelnen Falle geprüft werden. Die verschiedenen Belastungen der einzelnen auf dem gemeinschaftlichen Blatte selbständig bleibenden und unter besonderer Nummer zu verzeichnenden Grundstücke wird kaum jemals Verwirrungen besorgen lassen, höchstens dann, wenn dieselben teils einzelne, teils mehrere oder sämtliche Grundstücke betreffen und auf denselben verschiedenen Rang haben.

Ergibt sich die Besorgnis erst nach Herstellung des gemeinschaftlichen Blattes, z. B. infolge notwendig werdender Änderungen, so kann die Aufhebung desselben von Amts wegen vorgenommen werden.

2. Bei Anlegung des gemeinschaftlichen Blattes werden die einzelnen Grundstücke auf demselben selbständig unter besonderen Nummern gebucht und die auf ihnen lastenden Rechte in Abteilung II und III mit übertragen, und zwar unter Einrückung des auf dem früheren Blatte befindlichen vollständigen Vermerkes, selbstverständlich ohne die Unterschriften, und unter Hinzufügung des Übertragungsvermerkes. Ist ein dingliches Recht, insbesondere eine Hypothek bereits als Gesamthypothek auf beiden Blättern eingetragen, so kann bei der Übertragung der vollständige Eintragungsvermerk durch einen kürzeren Mithaftvermerk unter Hinweis auf die bei dem künftigen gemeinschaftlichen Blatte befindliche Eintragung ersetzt werden.

Beispiel: Im Grundbuche von Diemitz Band I Blatt 5 sind unter lfde. Nr. 1—3 ein Bauerngut und zwei Ackerpläne und im Grundbuche von Reideburg Band II Blatt 34 unter lfde. Nr. 1 und 2 für denselben Eigentümer zwei Wiesengrundstücke eingetragen. Auf dem Diemitzer Blatte sind Abteilung III Nr. 1 5000 Mk. und Nr. 2 3000 Mk. und bei Reideburg unter Nr. 1 1000 Mk. und Nr. 2 5000 Mk. Hypotheken eingetragen. Die auf beiden Grundstücken eingetragenen 5000 Mk. sind Gesamthypothek. Soll nun das Blatt 5 von Diemitz künftig gemeinschaftliches Blatt für sämtliche Grundstücke werden, so sind folgende Vermerke notwendig:

a) bei Reideburg Blatt 34 Bestandsverzeichnis, Spalte Abschreibungen: zu lfde. Nr. 1 und 2 übertragen nach Band I Blatt 5 von Diemitz am . . .

Abteilung III zu 1 und 2 Spalte Löschungen: Mit den belasteten Grundstücken auf Band I Blatt 5 von Diemitz übertragen und daher hier gelöscht am . . .

Darauf ist der Schließungsvermerk, §§ 17, 19 AV., anzubringen und zwar auf der Aufschrift: Wegen Abschreibung der Grundstücke geschlossen am . . .,

auf Verzeichnis I und II sowie auf Abteilung I—III nur: Geschlossen am . . .;

b) bei Diemitz Blatt 5 sind zunächst unter lfde. Nr. 4 und 5 die Grundstücke aufzunehmen, sodann zu vermerken:

Abteilung I zu lfde. Nr. 4 und 5, Spalte 3:

Aufgelassen am . . . und bei Band II Blatt 34 von Reideburg eingetragen am . . ., hierher übertragen am . . .,

Abteilung III Nr. 3 hinsichtlich der 1000 Mk. der Vermerk von Blatt 5 in Diemitz Abteilung III Nr. 1 aufzunehmen, sodann unter Nr. 4 etwa einzutragen:

Die vorstehend unter Nr. 1 eingetragenen fünftausend Mark haften auch auf den Grundstücken lfde. Nr. 4 und 5 des Bestandverzeichnisses.

Demnächst als Übertragungsvermerk:

Zu 3 und 4 mit den belasteten Grundstücken von Band II Blatt 34 des Grundbuchs von Reideburg übertragen am ...

Endlich ist Abteilung III zu Nr. 1 in Spalte Veränderungen einzutragen:

Die bisher in Reideburg Band II Blatt 34 verzeichneten mitverhafteten Grundstücke sind die jetzt lfde. Nr. 5 eingetragenen. Vermerkt am ...

3. Von der Anlegung des gemeinschaftlichen Blattes ist dem Katasteramt, dem Eigentümer und sämtlichen dinglich Berechtigten Nachricht zu geben. Eine Änderung der etwa vorhandenen Hypothekenbriefe ist nicht erforderlich, jedoch wird einem dahingehenden Antrage der Beteiligten stattgegeben werden müssen, auch bei einer aus einem anderen Grunde erfolgten Vorlegung der Briefe die Anbringung des Vermerkes über die Übertragung der mitbelasteten Grundstücke auf denselben zweckmäßig dahin bewirkt werden: Die Hypothek ist mit den belasteten Grundstücken auf Band I Blatt 5 von Diemitz mit übertragen und daselbst Abteilung III Nr. 3 bzw. 4 eingetragen.

(Siegel und Unterschrift der Grundbuchbeamten.)

## § 26. Vereinigung und Zuschreibung als Bestandteil.

1. Nach § 890 BGB. können mehrere Grundstücke miteinander vereinigt oder eins dem anderen als Bestandteil zugeschrieben und hierdurch im Grundbuche zu einem einheitlichen Grundstücke gemacht werden, das nach § 8 Abs. 4 AV. auch unter einer einheitlichen Nummer einzutragen ist. Bei der Vereinigung kommen gewöhnlich im wesentlichen gleichwertige Grundstücke in Frage, während es sich bei der Zuschreibung als Bestandteil der Regel nach um die Einverleibung eines geringwertigeren Nebengrundstückes zu einem Hauptgrundstücke handelt, jedoch ist ein derartiges Verhältnis durchaus nicht Voraussetzung, es können vielmehr auch gleichwertige Grundstücke, sogar Häuser einander als Bestandteile zugeschrieben werden.

2. Die Vereinigung und Zuschreibung darf nur auf Antrag erfolgen. Letzterer muß bei der Zuschreibung in der Form des § 29 GBO. gestellt werden, da er eine rechtsgeschäftliche Erklärung enthält, nämlich daß das zugeschriebene Grundstück künftig die Eigenschaft als Bestandteil haben soll. Der Antrag auf Vereinigung ist dagegen ein reiner Antrag, er reicht mithin nach § 30 GBO. in privatschriftlicher Form aus. In dem Antrage muß bestimmt angegeben werden mit bzw. zu welchem Grundstücke die Vereinigung bzw. Zuschreibung erfolgen soll, ein Antrag, die Grundstücke miteinander zu vereinigen oder einander als Bestandteil zuzuschreiben, genügt nicht.

Außer dem Antrage setzt die Vereinigung und Zuschreibung in gleicher Weise, wie die Anlegung eines gemeinschaftlichen Blattes, voraus, daß die in Frage kommenden Grundstücke für denselben Eigentümer im Grundbuche eingetragen sind und daß von der Durchführung Verwirrung nicht zu besorgen ist, es wird deshalb auf die hierauf bezüglichen Erörterungen des § 25 zu 1 a—c Bezug genommen.

Die Zugehörigkeit der beteiligten Grundstücke zu demselben Amtsgerichte ist nicht erforderlich, vielmehr wird Zuschreibung und Vereinigung sogar häufig zur Herbeiführung der Zuständigkeit eines einheitlichen Grundbuchamtes verlangt.

3. Die im Grundbuche zusammengeschriebenen Grundstücke behalten in Wirklichkeit, z. B. in den Steuerbüchern und auf der Karte, ihre Selbständigkeit, können deshalb auch jederzeit wieder selbständig gebucht werden. Die auf ihnen vorhandenen Belastungen bleiben unberührt und gehen den künftigen gemeinschaftlichen vor. Bei der Zuschreibung — dagegen nicht bei der Vereinigung — tritt das als Bestandteil zugeschriebene Grundstück in die Haftverbindlichkeit für die auf dem Hauptgrundstücke eingetragenen Hypotheken, Grundschulden und Rentenschulden, § 1131 BGB. Ein Eintritt in die Mithaft für etwa eingetragene weitere Belastungen erfolgt jedoch nicht, ebensowenig eine Mithaft des Hauptgrundstückes für irgendwelche Belastungen des Bestandteiles.

Die auf dem Hauptgrundstücke eingetragenen mehreren Hypotheken erhalten infolge der Zuschreibung auf dem Bestandteile untereinander gleichen Rang, da der für den Eintritt in die Haftverbindlichkeit maßgebende Akt der Zuschreibung für alle gleichzeitig erfolgt, mithin dieselbe Wirkung hat wie die Nachverpfändung in einer Urkunde. § 46 GBO.

4. Die Durchführung gestaltet sich verschieden, je nachdem die Grundstücke zu demselben oder zu verschiedenen Amtsgerichtsbezirken gehören.

a) Liegen die Grundstücke in Bezirken desselben Amtsgerichts, so ergibt sich das Verfahren aus der der AV. beigefügten Probeeintragung lfde. Nr. 1, 2, 3 bzw. 6, 7, 8 und den dazugehörigen Vermerken in Spalte 11 und 12. Für die Abschreibung und etwaige Schließung auf dem anderen Blatte gilt das § 25 Nr. 2a Gesagte.

b) Gehören die fraglichen Grundstücke zu verschiedenen Amtsgerichtsbezirken, so tritt mit der Zuschreibung oder Vereinigung eine Zuständigkeitsänderung hinsichtlich des zugeschriebenen oder vereinigten Grundstückes ein. Es ist folgendes zu beachten:

α) Bei der Zuschreibung als Bestandteil steht die Entscheidung darüber, ob dem Antrage stattgegeben werden, mithin ein Übergang der Zuständigkeit eintreten soll, dem Grundbuchrichter des Hauptgrundstückes bzw. bei Ablehnung den Beschwerdeinstanzen zu. Art. 3 AG. z. GBO. Es sind ihm deshalb in jedem Falle die Akten über das zuzuschreibende Grundstück zur Prüfung und Erklärung vorzulegen. Erklärt er sich zur Übernahme bereit, so hat das bisherige Amtsgericht gemäß § 18 AV. zu verfahren, also die Abschreibung des Grundstückes, die Mitübertragung und Löschung der dinglichen Rechte, sowie die Schließung des Blattes in derselben Weise, wie vorstehend § 25 Nr. 2a angegeben, zu verfügen. Der Abschreibungsvermerk wird hier lauten: Grundstück lfde. Nr. 1 ist dem Amtsgerichte N. behufs Zuschreibung als Bestandteil zu dem im Grundbuche von ... Band ... Blatt ... verzeichneten Kossätengute Nr. 5 übertragen am ...

Steht die künftige Stelle bei der Übertragung nicht ausreichend fest, so bleibt dieser Teil des Vermerkes vorläufig noch weg, und wird erst nach Eingang der Nachricht über die erfolgte Eintragung auf dem Blatte des Hauptgrundstückes nachgetragen.

Nachdem die Abschreibungs-, Mitübertragungs- bzw. Löschungsvermerke sowohl im Grundbuche als auch in der Tabelle aufgenommen sind, ist am Schlusse der letzteren die Übereinstimmungsbescheinigung, § 18 Abs. 1 AV., etwa dahin:

Die wörtliche Übereinstimmung der vorstehenden Tabelle mit dem Grundbuche wird bescheinigt.

Halle a. S., den ...

anzubringen, mit Siegel oder Stempel und den Unterschriften der beiden Grundbuchbeamten zu versehen, darauf die Übersendung der Akten einschließlich der Tabelle an das künftig zuständige Amtsgericht zu veranlassen. Dieses hat das zum Bestandteil erklärte Grundstück zunächst unter besonderer Nummer auf dem Bestandsverzeichnisse des Hauptgrundstückes aufzunehmen, den Eigentumserwerbsgrund und etwaige Lasten in Abteilung I—III gemäß § 25 Nr. 2b einzutragen, darauf die einheitliche Darstellung der zu verbindenden Grundstücke, § 8 Abs. 4 AV., zu bewirken, dieses in Spalte 11 und 12, wie bei lfde. Nr. 1, 2, 3 der Probeeintragung zu vermerken. Eine vollständige Zusammenschreibung, wie bei lfde. Nr. 3 Spalte 1—10 der Probeeintragung, wird jedoch wegen der stets vorhandenen Verschiedenheit der Gemarkungen, Gemeindebezirke und Artikel der Mutterrolle, namentlich bei der Zuschreibung zu einem Gute schon im Hinblick auf § 3 Abs. 2 AV. nicht möglich sein, die in Frage kommenden Grundstücke werden vielmehr auch nach der Zuschreibung unter Kenntlichmachung ihrer Zusammengehörigkeit besonders aufgeführt werden müssen. Es geschieht dieses in der Praxis entweder durch Aufführung derselben unter einer Nummer aber mit verschiedenen Buchstaben oder durch Hinzufügung des Wortes „mit“. So würde z. B. bei Zuschreibung des Brühler Grundstückes lfde. Nr. 5 der Probeeintragung zu dem Bauernhofe lfde. Nr. 3 unter lfde. Nr. 9 aufzunehmen sein:

Bauernhof Nr. 8 mit
Holzung in den Fichten, oder

bei Zuschreibung desselben Grundstückes zu lfde. Nr. 8:

9 { a) Acker in Mittelfelde und
b) Holzung in den Fichten.

Ein Bedenken kann hieraus nicht hergeleitet werden, da über die Art der Zugehörigkeit stets Spalte 11 und 12 Auskunft geben.

β) Für die Durchführung der **Vereinigung** mehrerer zu verschiedenen Amtsgerichtsbezirken gehöriger Grundstücke gelten die gleichen Vorschriften wie für die Zuschreibung. Die Entscheidung über die Zulässigkeit der Vereinigung und die künftige Zuständigkeit über die vereinigten Grundstücke steht hier jedoch nicht einem der beiden Grundbuchrichter, sondern nach Art. 2 AG. z. GBO. in Verbindung mit Art. 20 Pr. AG. in der Form des Art. 130 III Pr. FG. stets dem gemeinschaftlichen höheren Gerichte, bzw. dem Justizminister zu. Der Antrag ist deshalb mit den beiden in Frage kommenden Akten dem Landgerichte, Oberlandesgerichte bzw. dem Justizminister im Instanzenzuge vorzulegen und erst nach Eingang der Entscheidung mit der Übertragung zu beginnen.

5. Die Zuschreibung als Bestandteil und die Vereinigung können wieder aufgehoben werden. Zu dieser Aufhebung ist grundsätzlich ebenfalls ein Antrag erforderlich, es bedarf jedoch eines solchen nicht, wenn eine getrennte Veräußerung oder hypothekarische Belastung eines der beiden Grundstücke erfolgt, weil durch die Abschreibung infolge der Auflassung oder der in § 6 GBO. vorgeschriebenen Abtrennung die bisherige Verbindung von selbst aufhört und Rückübertragung nötig wird.

Bemerkt wird, daß zur Auflassung auch des zu einem anderen Amtsgerichte gehörigen Bestandteils der Grundbuchrichter des Hauptgrundstückes allein zuständig ist, da nach Art. 3 AG. z. GBO. die Zuständigkeit für die Dauer der Verbindung auf ihn übergegangen ist und Aufhebung derselben erst mit der erfolgten Abschreibung eintritt. — Gehören die Grundstücke zu demselben Amtsgerichtsbezirk und kann das Grundstück weiter auf demselben Blatte verbleiben, so erfolgt die Trennung einfach durch Sonderdarstellung derselben unter Anbringung eines Vermerks in Sp. 12 etwa dahin, Grundstücke lfde. Nr. 3 sind wegen Aufhebung der Bestandteilseigenschaft (bzw. der Vereinigung) getrennt und lfde. Nr. 6 u. 7 eingetragen am . . .

Bei Übertragung auf ein anderes Blatt desselben Bezirks treten Besonderheiten ebenfalls nicht ein.

Schwieriger gestaltet sich das Verfahren, wenn Rückübertragung an das eigentlich zuständige andere Grundbuchamt zu erfolgen hat. Die in § 18 AV. vorgeschriebene Abgabe der Akten und Tabelle kann in diesem Falle nicht stattfinden, weil beide stets noch andere Grundstücke betreffen. Diese Abgabe würde sich nur dadurch ermöglichen lassen, daß das zurückzuübertragende Grundstück erst auf ein besonderes Blatt übertragen und für dieses neue Akten und eine neue Tabelle angelegt würden. Hierbei müßte aber das auswärtige Grundstück stets in einem Grundbuche eingetragen werden, zu dem es absolut nicht gehört, die lediglich zwecks Rückübertragung erfolgte Eintragung würde auch unnötige Mühe verursachen.

Aus diesem Grunde ist von der Anwendung des § 18 AV. abzusehen und unter Berücksichtigung des Art. 57 Abs. 3 u. Art. 47 Satz 1 u. 2 Pr. FG. nur eine auszugsweise Tabelle des über beide Grundstücke geführten Grundbuchblattes anzufertigen, in welcher alle auf das zurückzuübertragende Grundstück sich beziehenden Vermerke, einschließlich des Abschreibungsvermerks und der Vermerke über Mitübertragung der dinglichen Rechte, aufzunehmen sind. Dieselbe ist sodann mit der Übereinstimmungsbescheinigung dahin:

> Die wörtliche Übereinstimmung vorstehender Tabelle wird mit dem Bemerken bescheinigt, daß weitere das in dem Bestandsverzeichnisse aufgeführte Grundstück betreffende Eintragungen auf dem Grundbuchblatte nicht enthalten sind.
>
> Halle a. S. . . .

mit Siegel und Unterschrift zu versehen und unter Beifügung der Grundakten dem anderen Amtsgerichte zur weiteren Veranlassung zu übersenden. Joh. Bd. 34 S. A 215. — Dasselbe Verfahren hat auch bei Übertragung behufs Zuschreibung oder Vereinigung Anwendung zu finden, wenn von einem gemeinschaftlichen Blatte bei dem anderen Amtsgerichte nur ein Grundstück zugeschrieben oder vereinigt werden soll.

6. Das frühere Preußische Recht kannte eine Vereinigung von Grundstücken überhaupt nicht und die Zuschreibung, § 5 Pr. GBO., nur als Zubehör. Gehörten beide Grundstücke zu demselben Amtsgerichtsbezirke, so wurde das Zubehörstück, soweit dieses nicht bereits der Fall war, auf das Blatt des Hauptgrundstücks übertragen, hier unter besonderer Nummer aufgeführt und in Spalte „Zeit und Grund des Erwerbs" die Zubehöreigenschaft mit vermerkt.

Lag dagegen das Zubehörgrundstück in dem Bezirke eines anderen Gerichts, so geschah, § 27 Pr. GOB., die Zuschreibung in der Weise, daß auf beiden Blättern unter wechselseitigem Hinweis auf das andere Blatt das Zubehörverhältnis vermerkt und das Blatt des Zubehörstückes nur gegen weitere Eintragungen geschlossen wurde. Ein vollständiger Übergang der Zuständigkeit trat hierdurch nicht ein, das Zubehörgrundstück blieb weiter auf seinem Blatte eingetragen, die Zuständigkeit ruhte für das betreffende Grundbuchamt nur während der Dauer der Zuschreibung. Bei Aufhebung der Zubehöreigenschaft wurde deshalb keine Wiedereintragung erforderlich, sondern nur die Wiedereröffnung des Blattes für weitere Eintragungen. Da nun nach § 97 BGB. gegenwärtig Grundstücke nicht mehr Zubehör sein können, aber andererseits nach Art. 184, 189 EG. z. BGB. die nach früheren Gesetzen erworbenen Rechte bestehen bleiben, haben die früheren Eintragungen zwar ihre ursprüngliche Bedeutung verloren, dafür aber diejenige erhalten, die nach dem BGB. und GBO. an ihre Stelle getreten ist. Die Zubehörgrundstücke sind deshalb als Bestandteile anzusehen, um so mehr, als bei beiden die Voraussetzungen (Antrag des Eigentümers), der Zweck und die Rechtswirkungen (Teilnahme an der Verfügung über das Hauptgrundstück, Eintritt in die Haftverbindlichkeit für die Grundstückspfandrechte desselben) vollständig gleich sind. Es werden deshalb die noch auf sehr vielen Grundbuchblättern vorhandenen Zubehörgrundstücke in Bestandteile umgeschrieben werden müssen. Der Grundbuchrichter wird namentlich die Sondereintragungen des Haupt- und Zubehörgrundstückes durch Darstellung beider unter einer Nummer gemäß § 8 Abs. 4 AV. wegzuschaffen, bei Zubehörgrundstücken aus anderen Bezirken die völlige Abschreibung, endgültige Schließung auf dem Blatte des anderen Amtsgerichtes und Zusendung der Grundakten durch Ersuchen zu veranlassen haben. Dieses Verfahren kann ebensogut von dem über das Zubehörstück zuständigen Richter ausgehen, da auch ihm die Verpflichtung zur Richtigstellung des Grundbuches obliegt. Einer vorherigen Anfrage über Zulässigkeit und Bereitwilligkeit bedarf es nicht, da hierüber bereits früher entschieden ist.

# B. Besonderer Teil.

## Einrichtung der Grundbücher.

### § 27. Aufschrift.

Durch § 5 AV. und die demselben beigefügte und durch die Bezugnahme zu einem Bestandteil des § 5 gewordene Probeeintragung wird für alle Grundstücke ein einheitliches Grundbuchformular eingeführt, welches aus der Aufschrift, dem Verzeichnisse der Grundstücke, dem Verzeichnisse der mit dem Eigentume verbundenen Rechte und den Abteilungen I, II, III besteht.

Die Aufschrift dient zur Bezeichnung der Stelle, an welcher ein Grundstück und die mit ihm verbundenen Rechte Aufnahme gefunden haben. Nach § 6 AV. sind deshalb in der Aufschrift das Amtsgericht, welches das Grundbuchblatt anzulegen und zu führen hat, der Gemeinde-, Guts- oder Anlegungsbezirk, zu dem das betreffende Blatt gehört, und nach dem es benannt ist, der Kreis, zu dem der Bezirk gehört und endlich die fortlaufende Nummer des betreffenden Bandes und Blattes anzugeben. Der Angabe des Kreises bedarf es nicht, wenn die den Bezirk bildende Stadt einen besonderen Stadtkreis bildet. Wegen der Bezirke und der fortlaufenden Nummern der Bände und Blätter s. § 24 Nr. 1 und 3.

### § 28. Verzeichnis der Grundstücke.

Von den 14 Spalten dieses Verzeichnisses dienen Spalte 1—10 zur Bezeichnung der Grundstücke, Sp. 11 und 12 zur Aufnahme des Vermerkes über Zeit und Umfang der Grundstücke bei ihrer ersten Eintragung, Angabe der früheren Stelle, sowie der vorkommenden Änderungen, Sp. 13 und 14 zur Eintragung von Abschreibungen und hierbei etwa eintretender Veränderungen in Sp. 1—10, § 8 AV.

I. Sp. 1—10.

1. Jedes für sich bestehende Grundstück, mag es aus einer oder mehreren Katasterparzellen bestehen, erhält in Sp. 1 eine laufende Nummer.

2. In Sp. 2 erfolgt die Einrückung einer Nummer nur, wenn bei einem Sp. 1, 3—10 eingetragenen Grundstücke eine Veränderung eintritt,

und dasselbe neu eingetragen wird, entweder in veränderter Gestalt oder nach erfolgter Teilung oder Verbindung mit einem andern. Der Eintragung einer Nummer in Sp. 2 muß mithin stets ein Vermerk in Sp. 11 u. 12 oder 13 u. 14 zugrunde liegen, § 8 Abs. 7 AV. Die vorgedachte Teilung oder Verbindung ist in Sp. 2 mit hervorzuheben, z. B. Rest von 1, bzw. Teil von 1, bzw. 1 mit 2.

3. Sp. 3—10 dienen zur Aufnahme der in § 3 Abs. 1 AV. ausdrücklich vorgeschriebenen Bezeichnung der Grundstücke. Soweit sich das aufzunehmende Grundstück mit einer Katasterparzelle deckt, ergibt sich die Ausfüllung der Spalten von selbst, da dieselbe wegen der vorgeschriebenen Übereinstimmung genau nach den Angaben des vorgelegten Steuerbuchsauszuges, gegebenenfalls der vorhandenen Abschrift des Flurbuches bzw. der Gebäudesteuerrolle zu bewirken ist.

Es dürfte jedoch hervorzuheben sein:

a) Die Sp. 3, 4, 5 und 7 sind zweckmäßigerweise bei jedem einzelnen Grundstücke auszufüllen, s. auch Probeeintragung. Die Unterlassung der Ausfüllung und Ersetzung derselben durch Bezugnahme auf die vorgehende Eintragung mittels „desgl." oder auf andere Weise ist zu vermeiden, weil sonst bei Abschreibung und Unterrötung des vorgehenden Grundstücks die Ausfüllung nachgeholt werden müßte.

b) Sp. 5 ist bei der Eintragung eines bisher auf einem anderen Blatte verzeichneten Grundstücks zunächst nicht auszufüllen, da der Artikel in einem solchen Falle niemals beibehalten werden kann, sondern das Grundstück auf den Artikel des neuen Eigentümers seitens des Katasteramts fortgeschrieben werden muß. Die Ausfüllung hat deshalb erst nach stattgehabter Fortschreibung und Rückgabe der nach dieser Seite hin vervollständigten Eigentümerveränderungsliste zu erfolgen.

c) Sp. 6 ist dagegen bei der Eintragung eines Gebäudegrundstücks sofort mit auszufüllen, denn die Nr. der Gebäudesteuerrollen bleibt dieselbe, auch wenn der Eigentümer wechselt.

d) Sp. 5 und 6. Stimmt die Gemarkung mit dem Gemeindebezirke nicht überein, weil die Gemarkung und Gemarkungskarte mehrere Gemeinde- oder Gutsbezirke umfaßt, so ist dieses bei dem Artikel und der Gebäudesteuerrolle durch Beifügung des Namens der Gemeinde, zu welchem das Grundstück gehört, kenntlich zu machen. Wenn z. B. aus der für die Gemeinden Oppin, Freiheit Oppin, Harsdorf, Inwenden und Pranitz bestehenden Gemarkung Oppin ein zur Gemarkung Harsdorf gehöriges Grundstück eingetragen wird, so ist in Sp. 3 als Gemarkung „Oppin" einzurücken, es würde deshalb, um hervorzuheben, daß das Grundstück nicht auch zur **Gemeinde** Oppin gehört, bei dem Artikel und der Gebäudesteuerrolle Sp. 5 und 6 der Name der Gemeinde beizufügen sein, z. B. Art. 5, GebStR. 26 von Harsdorf, bzw. Sp. 3 Dieskau, Sp. 5 u. 6 Gutsbezirk Dieskau.

e) Sp. 7. Die Wirtschaftsart und Lage ist sowohl bei Liegenschaften als bei Gebäuden stets den Steuerbüchern entsprechend aufzunehmen. Bei den Gebäuden ist hierfür die Sp. 2 der Gebäudesteuerrolle maßgebend. Die Aufzählung der einzelnen Gebäude hat zu unterbleiben, dagegen wird neben dem Inhalte aus der Sp. 2 der Gebäudesteuerrolle in allen den Fällen, in welchen nur die Straße und Nummer als Bezeichnung aufgeführt wird, z. B. Markt Nr. 1, Wilhelmstraße Nr. 23 noch eine allgemeine Bezeichnung hinzuzufügen sein, welche sämtliche Gebäude, sowohl das Wohnhaus als die Wirtschaftsgebäude umfaßt, z. B. Hausbesitzung, Häuslerstelle, Grundsitzerstelle usw., so daß die Benennung in Sp. 7 lauten würde: Hausbesitzung Wilhelmstr. Nr. 23, bzw. Häuslerstelle Nr. 87 mit Hofraum und Hausgarten. Gehört die Grundfläche zu der unvermessenen Stadt- oder Dorflage, so ist dieses in Sp. 7 mit einzutragen, da hierdurch die Lage bestimmt wird, z. B. Hausbesitzung Bennstedterstraße 7 mit Anteil an den ungetrennten Hofräumen und Hausgärten.

f) Sp. 9 und 10. Der Reinertrag der Liegenschaften ist stets in Talern und $1/_{100}$ Talern anzugeben, etwaige Angaben nach Mark sind in Taler umzurechnen, denn der ausgeworfene Reinertrag ist nicht als ein Geldbetrag, sondern nur als eine Verhältniszahl, nach welcher die Grundsteuer berechnet werden sollte, anzusehen.

Der Gebäudenutzungswert ist dagegen nach Mark aufzunehmen, und zwar als Summe der für die einzelnen Gebäude ausgeworfenen Beträge, mögen dieselben zu einen Wohnungs- oder gewerblichen Nutzungswert eingeschätzt sein.

4. Besteht das einzutragende Gesamtgrundstück aus nur einigen Katasterparzellen, so sind, s. Probeeintragung lfde. Nr. 8, die einzelnen Parzellen in Sp. 4 nebeneinander aufzunehmen, desgl. in Sp. 7 die Wirtschaftsart und Lage von sämtlichen Einzelgrundstücken aufzuführen, während die Fläche und der Reinertrag in Sp. 8 und 9 einheitlich als Summen darzustellen sind.

Nur wenn die Anzahl der Parzellen so groß ist, daß durch ihre Aufnahme Unübersichtlichkeit eintreten würde, soll nach § 3 Abs. 2 u. 3 AV. von Einrückung derselben abgesehen werden dürfen.

Da in diesen Fällen die Angabe der Wirtschaftsart und Lage ebenfalls Unübersichtlichkeit veranlassen würde, muß in Sp. 7 eine gemeinschaftliche, die Einzelgrundstücke, Liegenschaften und Gebäude, umfassende Bezeichnung aufgenommen werden.

Hierher gehören insbesondere:

a) die von alters her bestehenden geschlossenen Güter als Rittergüter, Bauerngüter, Kossatengüter usw., also die aus einer größeren Anzahl von Einzelgrundstücken bestehenden Gutskomplexe, deren Zusammengehörigkeit durch den gemeinschaftlichen Namen und ferner dadurch dargetan wird, daß sie sämtlich von einem gemeinschaftlichen Mittelpunkte, dem Gutsgehöfte aus, an welchem sich auch das zur Bewirtschaftung erforderliche Inventar und Vieh sowie die Wirtschaftsvorräte befinden, bewirtschaftet wird. Hier ist die Bezeichnung in Sp. 7 ohne weiteres gegeben;

b) die durch Zuschreibung und Vereinigung gebildeten Güter. Da das BGB. z. B. §§ 1515, 2049, 2312 nur Landgüter kennt, so werden dieselben auch in Sp. 7 in dieser Weise zu benennen und als Name derjenige des Gebäudegrundstückes, von welchem aus die Bewirtschaftung erfolgt, anzuführen sein, z. B. das Landgut Halleschestraße 34 zu Beesen.

Die Benennung „Landgut" wird auch fehlen und in Sp. 7 lediglich die Hausbesitzung unter der Hervorhebung, daß zu derselben auch Feldgrundstücke gehören, aufgenommen werden können, z. B. Hausbesitzung Schulstraße Nr. 3 mit Bestandteilen;

c) die ohne Zugehörigkeit zu einem Gehöfte durch Zuschreibung oder Vereinigung verbundene größere Anzahl von Feldgrundstücken. Hier würde als gemeinsame Bezeichnung in Sp. 7 möglich sein: Als Bestandteile zugeschriebene (oder vereinigte) Äcker, Wiesen und Weiden usw.

5. Sp. 8 und 9. Die Flächen und Reinerträge sind, wie bereits bemerkt, bei den unter einer gemeinschaftlichen Bezeichnung und unter Fortlassung der Parzellennummern gebuchten Grundstücken als Gesamtareal bzw. als Gesamtsumme darzustellen. Die Eintragung als Gesamtareal darf jedoch nach § 3 Abs. 2 AV. nur erfolgen, wenn die in demselben befindlichen Grundstücke in den Steuerbüchern auf einem besonderen Artikel verzeichnet sind, und ein Auszug aus der Mutterrolle über diesen Artikel zu den Akten gebracht ist. Es muß deshalb vorerst das Katasteramt ersucht werden, die für das Gesamtareal bestimmten Grundstücke auf einen besonderen Steuerartikel zu übertragen bzw. die außer dem Gesamtareale auf dem betreffenden Artikel befindlichen Grundstücke fortzuschreiben. Der Steuerbuchauszug, der am besten der Tabelle vorgeheftet wird, ergänzt sodann die Grundbucheintragung, da aus ihm jederzeit ersehen werden kann, welche Einzelgrundstücke zu dem Gesamtareale gehören. Seine Schlußsumme muß deshalb mit den Angaben in Sp. 8 u. 9 des Bestandsverzeichnisses übereinstimmen und diese Übereinstimmung stets aufrecht erhalten werden. Aus diesem Grunde sind nach § 8 Abs. 7 AV. die etwaigen Veränderungen im Grundbuche auch im Auszuge nachzutragen,

ganz oder teilweise abgeschriebene Grundstücke zu unterröten, die Restparzellen am Schlusse aufzuführen und die Gesamtsumme zu berichtigen.

II. Sp. 11 u. 12. In Sp. 12 sollen nach der Überschrift die Vermerke über Bestand und Zuschreibung Aufnahme finden. Nach § 8 Abs. 3 AV. gehören insbesondere hierher:

1. Die Vermerke über den Bestand bei der Neueintragung eines Grundstücks, sei es infolge der allgemeinen Anlegung oder der Neuaufnahme eines buchungsfreien, oder eines aus Versehen bisher noch nicht eingetragenen Grundstücks. Der Vermerk: Bei Anlegung des Grundbuchs eingetragen am ... trifft sowohl die allgemeine als die besondere hinsichtlich eines Einzelgrundstückes erfolgende Anlegung.

2. Die Vermerke bei der Übertragung eines Grundstückes von einem anderen Blatte unter Angabe desselben. Soll das übertragene Grundstück einem auf dem Blatte bereits befindlichen als Bestandteil zugeschrieben oder mit demselben vereinigt werden, so ist es zunächst unter einer besonderen Nummer einzutragen und dann erst mit dem anderen zu verbinden. Der Vermerk ist einheitlich über beide Eintragungen zu fassen, etwa dahin:

> Nr. 5 von Band I Blatt 8 des Grundbuchs von N. übertragen, demnächst Nr. 2 als Bestandteil zugeschrieben und beide neu unter Nr. 6 eingetragen am ...

3. Bei Vereinigung bzw. Zuschreibung zweier bereits auf dem Blatte verzeichneter Grundstücke ist der Vermerk derselbe, nur fehlt der Übertragungsvermerk.

4. Die Vermerke über Abschreibung vom Gesamtareal und besonderer Buchung eines Grundstücks oder Grundstücksteiles, § 6 Abs. 1 GBO. Die Sonderbuchung im Sinne des § 6 Abs. 1 GBO. hat von **Amts wegen** zu erfolgen, wenn

a) bei Neubelastung ein zu einem Gesamtareale gehöriges Grundstück oder ein durch Steuerbuchauszug und Karte nachgewiesenes Trennstück eines solchen nicht mit belastet oder nur allein belastet werden soll oder

b) bei bereits vorhandener Belastung ein zu dem Gesamtareal gehöriges Grundstück oder von einem Einzelgrundstück ein Trennstück aus der Pfandhaft entlassen oder künftig allein verhaftet bleiben soll.

> Beispiel zu a: Auf dem im Grundbuche von Buchhain Band I Blatt 12 lfde. Nr. 3 verzeichneten Bauernhofe Nr. 8 soll eine Hypothek eingetragen, der zu demselben gehörige Plan Im Baumfelde Nr. 23 jedoch wegen beabsichtigter Veräußerung nicht mit belastet werden. Es muß vor der Eintragung der Hypothek nach § 6 Abs. 1 GBO. von Amts wegen eine Abschreibung des Planes Im Baumfelde Nr. 23 und Sonderbuchung des Restbauernhofes bewirkt und die Neueintragung beider Grundstücke unter lfde. Nr. 9 und 10 vorgenommen werden. Der

Vermerk würde etwa lauten: Sp. 11: 3, 9 u. 10, Sp. 12. Von Nr. 3 ist wegen Sonderbelastung der Restbesitzung das Grundstück Im Baumfelde Nr. 23 abgeschrieben, der Restbestand von Nr. 3 lfde. Nr. 9, der Plan Im Baumfelde Nr. 23 lfde. Nr. 10 neu eingetragen am ...

oder Beispiel zu b: Auf dem vorgedachten Bauernhofe Nr. 8 ist eine Hypothek eingetragen. Das in demselben enthaltene und deshalb mitbelastete Grundstück Im Baumfelde Nr. 23 ist ausweislich eines vorgelegten Steuerbuchauszuges nebst Kartenblattabschnitt in die Parzellen 210/12 u. 211/12 gesondert. Es wird hinsichtlich der Parzelle 211/12 die Freilassungserklärung des Gläubigers und der Antrag des Eigentümers auf Eintragung der Pfandentlassung vorgelegt. In diesem Falle müßte die Parzelle 211/12 von dem Grundstücke Im Baumfelde Nr. 23 und die Restbesitzung einschließlich der Parzelle 212/12 besonders dargestellt werden.

Der Vermerk in Sp. 12 würde die gleiche Fassung, wie vorstehend zu erhalten haben.

In der Praxis wird in solchen Fällen gewöhnlich von der Neueintragung der Restbesitzung abgesehen, und nur eine Berichtigung der Fläche und des Reinertrages in der Weise vorgenommen, daß der bisherige Bestand unterrötet, der nach Abzug des neu einzutragenden Teiles verbleibende Bestand darüber geschrieben wird. Dieses Verfahren erscheint unbedenklich, da Unübersichtlichkeit nicht zu besorgen und der Grund der Änderung aus Spalte 12 stets ersichtlich ist.

Der Vermerk würde dann zu lauten haben:

Sp. 11: 3, 9, Sp. 12: Von Nr. 3 ist wegen Sonderbelastung der Restbesitzung das Grundstück Im Baumfelde Nr. 23 abgeschrieben und neu unter lfde. Nr. 9 eingetragen am ... Restbestand bei lfde. Nr. 3 berichtigt.

In allen diesen Fällen ist aber Berichtigung des Steuerbuchauszuges f. I Nr. 5 vorzunehmen.

5. Die Vermerke über Berichtigung der Bestandsangaben. Jeder berichtigenden Änderung der Bestandsangaben in Sp. 3—10, außer der Aufnahme des Steuerartikels, muß nicht nur eine Verfügung, sondern auch ein Vermerk in Sp. 12 zugrunde liegen, weil hierdurch allein die Zeit und der Anlaß der Abänderung festgelegt, eine Nachprüfung ermöglicht, jedenfalls erleichtert wird. Die Berichtigungen werden hauptsächlich durch die Katasterämter veranlaßt, und zwar entweder durch besondere Eigentumsveränderungsnachweisungen, oder durch die alljährlich den Grundbuchämtern für jede Gemeinde oder jeden Gutsbezirk zugehenden Flurbuchs- und Gebäudesteuerrollen-Anhänge, in welchen auf der linken Seite der bisherige und auf der rechten der neue Bestand nach eingetretener Änderung verzeichnet ist. Die Nachtragungen aus den Anhängen betreffen insbesondere auch die Umwandlung der Kulturart z. B. Acker in Hofraum oder Weg, die katastermäßige Bezeichnung einer aus der unvermessenen Dorflage fest-

gestellten Gebäudefläche, Berichtigung eines materiellen Irrtums, z. B. Richtigstellung der Fläche oder des Reinertrages, bei Gebäuden Erhöhung oder Verringerung des Nutzungswertes infolge Hinzutretens oder Abbruch eines Gebäudes, oder, wenn die Gebäude erst errichtet sind, Angabe der Nummer der Gebäudesteuerrolle und des veranschlagten Nutzungswertes usw.

Die Bearbeitung der Anhänge ist zwar dem Gerichtsschreiber übertragen, der Grundbuchrichter bleibt aber, da er den Vermerk mit zu unterschreiben hat, für die Richtigkeit der eingetragenen Änderung mit verantwortlich.

Beispiele:

a) Das bisher lfde. Nr. 1 eingetragene Trennstück Kbl. 1 Parz. 178/7 Acker vom Plane Am Dorfe Nr. 9 mit 3,05 ar Fläche und 50/100 Taler Reinertrag ist nach dem Flurbuchsanhange in Hofraum umgewandelt und nach dem Gebäudesteuerrollenanhang mit der Hausbesitzung Schulstraße Nr. 10 bebaut, die die Geb.St.R. Nr. 158 erhalten hat und mit 310 Mk. Nutzungswert veranlagt ist.

Zur Herbeiführung der Übereinstimmung mit den Steuerbüchern ist, wenn von einer überflüssigen Neueintragung unter lfde. Nr. 2 abgesehen wird, der eingetragene Reinertrag in Sp. 9 und in Sp. 7 das Wort „Acker" zu unterröten, demnächst in Sp. 6 die Geb.St.R. Nr. 158 einzurücken und in Sp. 7 der noch vorhandenen Eintragung Am Dorfe Nr. 9 hinzuzufügen „jetzt Hofraum mit Hausbesitzung Schulstraße Nr. 10" und endlich in Sp. 10 der Nutzungswert „310" aufzunehmen. Der Vermerk in Sp. 12 würde lauten: In Sp. 6, 7, 9 und 10 nach den Steuerbüchern berichtigt am . . .

b) Bei dem mit 280 Mk. N.W. veranlagten Gasthof zum Adler ist der bisher mit 100 Mk. veranlagte Tanzsaal umgebaut und der Neubau mit 250 Mk. N.W. eingeschätzt. Die Zahl 280 in Sp. 10 ist zu unterröten und über derselben die neue Summe des Nutzungswertes mit 430 einzurücken. Vermerk: Sp. 10 nach dem Steuerbuche berichtigt am . . .

c) Das im Grundbuche lfde. Nr. 4 eingetragene Ackerstück Kbl. 1 Parz. 27 Acker in den Fichten mit 26,36 ar Fläche und 7,20 Taler R.E. ist behufs Abschreibung eines Wegstückes vermessen. Bei der Vermessung hat sich ergeben, daß das Ackerstück nicht nur 26,36 ar sondern 28,50 ar groß und deshalb mit 8 Taler R.E. zu veranlagen ist. Das Wegstück ist als Kbl. 1 Parz. 185/27 mit 1,25 ar und das Restgrundstück als Kbl. 1 Parz. 184/27 Acker von In den Fichten mit 27,25 ar 7,50 Taler festgestellt.

Diese gesonderten Trennstücke sind unter den nächsten lfdn. Nr. 5 und 6 und in Sp. 12 einzutragen: zu 4 gesondert und in Übereinstimmung mit dem Steuerbuche unter lfde. Nr. 5 und 6 eingetragen am . . .

Betrifft die eingetretene Änderung ein zu einem Gesamtareale gehöriges Grundstück, so hat im Grundbuche eine Eintragung nur zu erfolgen, wenn durch dieselbe die Fläche oder der Reinertrag verringert oder vermehrt wird. Bei dem Beispiele c würde mithin eine Vermehrung der Fläche um 2,14 ar, nämlich der Differenz von 28,50—26,36 ar, und eine Erhöhung des Reinertrages um 0,30 Taler, nämlich der Differenz von 7,50—7,20 Taler, einzutragen sein.

Die Berichtigung des der Tabelle vorgehefteten Steuerbuchauszuges müßte ebenfalls vorgenommen werden.

III. Sp. 13 und 14 sind für die Vermerke der Abschreibungen unter gleichzeitiger Übertragung auf ein anderes Blatt bzw. Ausbuchung bestimmt. § 8 Abs. 6 AV.

1. Bei der Abschreibung eines ganzen unter einer besonderen Nummer verzeichneten Grundstückes sind die sämtlichen lediglich dieses betreffenden Eintragungen nicht nur in dem Bestandsverzeichnisse, sondern auch in Abt. I—III rot zu unterstreichen, in Abt. II und III selbstverständlich erst nach Eintragung der Mitübertragung und Löschung.

2. Soll nur ein Teil des unter besonderer Nummer eingetragenen Grundstückes übertragen werden, so muß nach § 30 AV. ein beglaubigter Auszug aus dem Steuerbuche und Kartenblattabschnitt vorgelegt werden, aus welchen das ganze bisherige Grundstück, das abzuschreibende und zurückbleibende Trennstück hervorgeht. Das Restgrundstück ist nach bewirkter Abschreibung unter der nächsten lfdn. Nr. neu einzutragen, auch im Abschreibungsvermerk auf diese neue lfde. Nr. zu verweisen. Die Sp. 2 ist in diesem Falle s. 1 Ziff. 2 auszufüllen.

Der Vermerk würde lauten:

Sp. 13: 2, Sp. 14: Von Nr. 2 ist Parzelle 135/17 auf Band III Blatt 75 des Grundbuchs von Diemitz übertragen am . . . Restbestand lfde. Nr. 5.

Die bisherigen Eintragungen in Sp. 1—10, aber nur diese, sind zu unterröten. § 8 Abs. 7 u. 5 AV.

3. Gehört das abzuschreibende Grundstück zu einem Gesamtareale, so ist, wenn eine ganze Katasterparzelle abgeschrieben werden soll, ein Steuerbuchauszug nicht erforderlich, falls sich der Gesamtsteuerbuchauszug bei den Akten befindet, weil aus diesem die Parzelle ausreichend ersichtlich ist. Fehlt der Gesamtauszug, so muß, wenn nicht die Auflassung, so doch die Abschreibung ausgesetzt und das Katasteramt um gebührenfreie Übersendung eines solchen gemäß § 3 Abs. 2 AV. von Amts wegen ersucht, bzw. den Beteiligten die Vorlegung anheimgestellt werden.

Bei Abschreibung eines Teilgrundstückes ist selbstverständlich außer dem Gesamtauszuge auch hier der die Teilung nachweisende Steuerbuchauszug nebst Kartenblattabschnitt notwendig.

Die Neueintragung wird auch in diesem Falle durch die Berichtigung der Fläche und des Reinertrages ersetzt werden können.

Die Vermerke würden in Sp. 14 lauten:

Der in lfde. Nr. 1 mitenthaltene Plan Nr. 17 — bzw. die Parz. 112/24 des in lfde. Nr. 1 enthaltenen Planes Nr. 17 — ist auf Band II Blatt 36 dieses Grundbuchs übertragen am . . . Restbestand bei lfde. Nr. 1 berichtigt.

Nach § 8 Abs. 7 AB. ist in beiden Fällen der bei den Akten befindliche Gesamtauszug in der Weise zu berichtigen, daß die ganz oder teilweise abgeschriebene Parzelle unterrötet und neben derselben die Abschreibung vermerkt wird, z. B. abgeschrieben, bzw. teilweise abgeschrieben s. Grundbuchblatt. Bei nur teilweiser Abschreibung ist der Restbestand unter der nächsten laufenden Nummer unter Hinweis auf die frühere Nummer vollständig aufzunehmen und die Gesamtsumme der Fläche und des Reinertrages, wie im Grundbuche selbst, richtigzustellen.

4. Gehört der Eigentümer oder künftige Erwerber des abzuschreibenden Grundstückes zu denjenigen Personen, die nach Art. 1 KB. Buchungsfreiheit haben, so kann nach § 90 Abs. 2 GBO. Ausbuchung beantragt werden. Der hierüber nach § 8 Abs. 6 Ziff. 2 AB. in Sp. 14 aufzunehmende Vermerk würde z. B. lauten können:

Der in lfde. Nr. 1 mitenthaltene Plan Nr. 17 ist für den Kgl. Preuß. Staat (Eisenbahnfiskus) ohne Übertragung auf ein neues Grundbuchblatt abgeschrieben am . . . Restbestand berichtigt.

## § 29. Verzeichnis der mit dem Eigentum verbundenen Rechte.

Der zweite Abschnitt des Bestandverzeichnisses dient zur Aufnahme des dem jeweiligen Eigentümer eines in Sp. 1—12 des Verzeichnisses I verzeichneten Grundstückes zustehenden Rechtes an einem anderen Grundstücke, und zwar ist in Sp. 1—3 die Bezeichnung des Rechtes, in Sp. 4 die Veränderung und in Sp. 5 die Löschung des Rechtes aufzunehmen. § 9 AB., § 8 GBO.

I. Sp. 1—3. Die Eintragung des Rechtes setzt voraus:

1. Einen Antrag, da nach § 8 GBO. die Eintragung von Amts wegen nicht erfolgt. Der Antrag kann als reiner Antrag privatschriftlich gestellt werden. Zur Stellung ist nicht nur der Eigentümer des herrschenden Grundstückes, sondern auch jeder Dritte, für den auf diesem ein Recht eingetragen ist, befugt, denn das subjektiv dingliche Recht ist nach § 96 BGB. Bestandteil des herrschenden Grundstückes und die Eintragung desselben gewährt nach § 21 GBO. den dinglich Berechtigten am herrschenden Grundstücke besonderen Schutz.

2. Die Eintragung der Verpflichtung auf dem belasteten Grundstücke. Daß dieselbe der Eintragung des Rechtes vorherzugehen hat, muß aus § 8 GBO. entnommen werden, welcher vorschreibt, daß die Eintragung auf dem Blatte des herrschenden Grundstückes auch erfolgen darf. Joh. Bd. 25 S. A 145.

Die Fassung des Eintragungsvermerkes ergibt sich aus der Probeeintragung.

II. Sp. 4. Die Ausfüllung der Sp. 4 hat zu erfolgen, wenn bei dem belasteten Grundstücke eine Änderung eintritt, z. B. wenn das belastete Grundstück unter Mitübertragung der Verpflichtung auf ein anderes Grundbuchblatt übertragen wird, oder wenn ein Teil des belasteten Grundstückes unter Mitwirkung der dinglich Berechtigten auf dem herrschenden Grundstücke (§ 21 GBO.) aus der Mithaft entlassen ist.

III. Sp. 5. Ein Löschungsvermerk ist in Sp. 5 nicht nur beim Wegfall der Verpflichtung, sondern auch dann aufzunehmen, wenn der Berechtigte trotz des Fortbestandes der Belastung die Löschung im Verzeichnisse II beantragt. Sowohl zur Aufhebung der Verpflichtung als auch zur Löschung des Rechtes müssen aber die auf dem herrschenden Grundstücke eingetragenen dinglich Berechtigten zustimmen. § 876 Abs. 2 BGB., § 21 GBO.

## § 30. Benutzung früherer Grundstücksverzeichnisse.

1. Nach § 27 AV. sollen die vor dem Inkrafttreten des jetzt geltenden Rechts angelegten Grundbücher fortgeführt, die in denselben befindlichen Bestandsverzeichnisse zur Ermöglichung der Aufnahme der Grundstücke und Vermerke gemäß §§ 3 und 8 AV. nach § 28 AV. dem gegenwärtigen Formular angepaßt werden. Als solche ältere Grundbücher finden sich hauptsächlich die durch §§ 7 und 14 Pr. GBO. eingeführten Formulare I und II die sogenannten Realfolien bzw. Personalfolien oder Artikelformulare. Die in diesem als Grundstücksverzeichnisse vorgeschriebenen Titelblätter bzw. Abteilung I unterscheiden sich aber wesentlich von den jetzigen Bestandsverzeichnissen, es fehlen ihnen namentlich die Sp. 2 bzw. 11 und 13 zur Aufnahme der bisherigen laufenden Nummer bzw. zur Bezeichnung des von dem Vermerke der nachfolgenden Spalte betroffenen Grundstücks, es fehlt ferner auch die wichtige Sp. 12 für Bestand und Zuschreibung. Weiter fehlen bei Formular I die Sp. 4 und 5 für die Gemarkung bzw. Kartenblatt- und Parzellennummer und in dem Artikelformular die Sp. 5 und 6 für den Artikel und die Nummer der Gebäudesteuerrolle, während in Formular I für die letzteren Angaben und in beiden Formularen für Reinertrag und Nutzungswert nur je eine gemeinschaftliche Spalte vorgesehen ist. Die Anbringung der fehlenden Spalten an geeigneter Stelle, wie § 28 Abs. 3 AV. vorschreibt, läßt sich, insbesondere auf dem beschränkten Titelblatte des Formulars I, ohne Beeinträchtigung der Übersichtlichkeit nicht durchführen und die in Abs. 3 zugelassene Einfügung eines Einlagebogens dürfte nicht zu empfehlen sein, weil ein passendes Format nicht immer zur Hand ist, andererseits auch das Einkleben als eine dauernde Befestigung nicht gelten kann und beim Einheften der Rücken des Einbandes infolge des Durchstechens seine Widerstandsfähigkeit verliert und den durch die Einlagebogen vermehrten Druck nicht lange aushält. Eine vollständige Abhilfe würde nur durch die in § 20 AV. gestattete Umschreibung herbeizuführen sein, diese aber wegen des Umfanges und der Schwierigkeiten

dieser Arbeit nur nach und nach bewirkt werden können, so daß die vorhandenen alten Blätter noch lange Zeit in Benutzung bleiben werden.

2. Hinsichtlich der Benutzung der älteren Bestandsverzeichnisse dürften sich folgende Vorschläge rechtfertigen lassen:

a) Sp. 2: Die bei der Neueintragung eines Grundstückes als Rest oder Teil oder infolge Vereinigung und Zuschreibung vorgeschriebene Angabe der bisherigen laufenden Nummer ist unter der neuen laufenden Nummer anzubringen, z. B.:

lfde. Nr. 8 oder lfde. Nr. 7
Rest v. 1 bisher 1—3.
oder Teil v. 1.

b) Sp. 5 und 6: In dem Artikelformular ist bei jedem einzelnen Grundstücke in Sp. 4 der Abt. I (Lage) die Nummer des Artikels oder der Gebäudesteuerrolle mit einzutragen.

Bei Formular I ist in der vorgesehenen gemeinschaftlichen Spalte des Titelblattes die Nummer des Artikels oder der Gebäudesteuerrolle neben jedem Grundstücke aufzunehmen und durch eine Hinzufügung z. B. „Art." oder „GebStR." die Unterscheidung kenntlich zu machen.

c) Sp. 9 und 10: Auch hier ist durch Hinzufügung der Anfangsbuchstaben R. E. oder N. W. die Unterscheidung zu bewirken. Einer weiteren Angabe „Taler" oder „Mark" bedarf es nicht, da die Veranlagung der Gebäude nach Mark und der übrigen Liegenschaften nach Talern und $^1/_{100}$ Taler gesetzlich vorgeschrieben ist.

d) Sp. 3 und 4: Bei Formular I ist die Bezeichnung der Gemarkung und der Nummern der Kartenblätter und der Parzellen in Sp. 2 (Bestandteile) mit aufzunehmen, die Gemarkung kann jedoch nach § 28 Abs. 2 AV. fortgelassen werden, wenn dieselbe mit der Bezeichnung des Grundbuchs übereinstimmt. Z. B. im Grundbuche von Diemitz ist die Angabe der Gemarkung Diemitz nicht erforderlich.

e) Sp. 11 und 13: Die Bezeichnung der laufenden Nummer, auf welche sich die in der nachfolgenden Spalte befindlichen Vermerke beziehen, werden diesen Vermerken vorgesetzt oder als Überschriften derselben angebracht (zu lfde. Nr. 5).

f) Sp. 12: Die in § 8 Abs. 3 Nr. 1 und 2 AV. vorgeschriebenen Vermerke über Eintragung des ursprünglichen Bestandes und der Übertragungen werden am besten auch bei Formular I, wie dieses auch für die Artikelformulare in § 28 Abs. 4 ausdrücklich angeordnet ist, dem früheren Rechte entsprechend in der Spalte: Zeit und Grund des Erwerbs also in Sp. 3 der Abt. I aufgenommen.

Z. B.: Zu lfde. Nr. 1. Bei Neuaufnahme auf Grund des Besitzzeugnisses vom . . . eingetragen am:

Oder: Zu lfde. Nr. 4. Aufgelassen am ... und bei gleichzeitiger Übertragung von Band I Blatt 7 des Grundbuchs von N eingetragen am ...

Die in § 28 Abs. 4 AV. für das Formular I vorgeschriebene Aufnahme auf dem Titelblatte läßt sich kaum durchführen, weil diese nur in Sp. 2, Bestandteile, erfolgen könnte und hierdurch der an sich schon dürftig bemessene Raum zu sehr in Anspruch genommen würde. Denn da der Vermerk mit Datum und Unterschrift versehen werden muß, würden durch denselben in der engen Sp. 2 mindestens vier bis fünf Zeilen entstehen und infolgedessen, insbesondere bei mehrfachen Zuschreibungen, die Übersichtlichkeit bedenklich leiden.

Die weiteren Vermerke der Sp. 12, nämlich über Zuschreibungen als Bestandteil, Vereinigungen, Sonderung von Grundstücken und Bestandsänderungen, § 8 Abs. 3 Nr. 3—5, sind dagegen am zweckmäßigsten in Spalte Abschreibungen unterzubringen. Die Berechtigung zur Eintragung in dieser Spalte dürfte sich daraus ergeben, daß tatsächlich eine Abschreibung der Grundstücke oder ihres Bestandes an der bisherigen Stelle erfolgt.

Z. B.: Zu lfde. Nr. 3, 4, 5. Nr. 4 mit Nr. 3 vereinigt und beide neu unter Nr. 5 eingetragen am ...

Oder: Zu lfde. Nr. 1, 2, 3. Nr. 1 wegen verschiedener Belastung gesondert und unter Nr. 2 und 3 neu eingetragen am ...

g) Die subjektiv dinglichen Rechte sind beim Mangel eines dem Bestandverzeichnisse II entsprechenden besonderen Abschnittes bei beiden Formularen in der für die Grundstücke selbst bestimmten Spalte aufzunehmen, § 28 Abs. 5, also bei Formular I in Sp. 2, bei Formular II in Sp. 4 und 5, und zwar unter Verweisung auf die laufende Nummer des herrschenden Grundstücks.

3. Nicht selten bilden die auf einem der alten Blätter insbesondere auf einem Artikelformulare einzeln verzeichneten zahlreichen Grundstücke in Wirklichkeit ein einheitliches Gut, waren auch z. B. auf Grund des Separationsrezesses früher als solches eingetragen, sind aber bei der Zurückführung auf die Steuerbücher oft aus nicht ersichtlichem Grunde einzeln aufgenommen. Die nachträgliche Wiedereintragung als geschlossenes Gut dürfte sich empfehlen, die Zustimmung des Eigentümers, wenn solche, trotzdem das Verfahren nur als Berichtigung und Ergänzung der Zurückführung anzusehen ist, für notwendig erachtet werden sollte, wird leicht zu erlangen sein, zumal die im Interesse der Grundbuchführung vorzunehmende einheitliche Darstellung kostenlos erfolgen kann.

Ebenso dürfte auf die Zusammenschreibung der Zubehörgrundstücke — jetzt Bestandteile — mit dem Hauptgrundstücke mit Rücksicht auf § 8 Abs. 4 Satz 2 AV. von Amts wegen Bedacht zu nehmen sein.

Selbstverständlich müßte in beiden Fällen vorerst ein Auszug aus den Steuerbüchern gemäß § 3 Abs. 2 AV. erfordert werden.

## § 31. Abteilung I. Eigentümer.

Die Abteilung I erteilt Auskunft über das Eigentum. Sie hat vier Spalten, nämlich Sp. 1 zur Bezeichnung des Eigentümers, Sp. 2 zum Hinweis auf die lfde. Nr. des Grundstücks, auf das sich der Vermerk in Sp. 3 bezieht, Sp. 3 zur Aufnahme des Grundes des Erwerbs sowie des Verzichtes auf das Eigentum und Sp. 4 zur Aufnahme des Erwerbspreises oder des Wertes, bzw. bei Gebäuden der Versicherungssumme.

I. Sp. 1: Als Eigentümer kann nur eingetragen werden, wer überhaupt Rechte erwerben kann, mithin natürliche und juristische Personen.

1. Als natürliche Personen kommen zunächst, § 1 BGB., nur die bereits geborenen in Betracht, jedoch können auch künftige noch nicht geborene, ja noch nicht einmal erzeugte Personen Rechte und mithin auch Eigentum erwerben, indessen nur in den durch das Gesetz ausdrücklich zugelassenen Fällen. Joh. Bd. 20 S. A 241, z. B.

a) Eine bereits **erzeugte** aber noch nicht geborene künftige Person kann als Erbe eingesetzt, § 1912 Abs. 2, §§ 1923, 2108 Abs. 1 BGB. und deshalb auch im Grundbuche eingetragen werden etwa dahin: die Leibesfrucht der Frau X. aus der Ehe mit dem N.

b) Noch nicht erzeugte künftige Personen können nur als Nacherben eingesetzt und deshalb auch nur als solche eingetragen werden, sie sind auch stets als solche anzusehen, selbst wenn sie als Erben eingesetzt sind. § 2101 BGB. Dieser in der Praxis nicht selten vorkommende Fall liegt dann vor, wenn ganz allgemein die „Abkömmlinge" einer bestimmten Person oder unter ausdrücklicher Benennung der bereits vorhandenen, auch noch „etwaige weiter noch geboren werdende Kinder" eingesetzt sind. Hier sind die in der letztwilligen Verfügung dem Namen nach aufgeführten Erben in Abteilung I einzutragen und die Rechte der etwa später noch geborenen durch einen Vermerk, § 52 GBO., in Abteilung II zu sichern, dabei anzugeben, daß dieselben ausnahmsweise bereits bei ihrer Geburt Miterben werden sollen, § 2106 Abs. 2 BGB.

Die Eintragung würde in Sp. 1 zu lauten haben:

Die Kinder des N., nämlich a) Karl, b) Wilhelm, Geschwister N. als Miterben zu ungeteilter Erbengemeinschaft,

und in Abteilung II würde zu vermerken sein:

Die künftigen Kinder des N. sind Nacherben in der Weise, daß jedes von ihnen mit seiner Geburt mit den eingetragenen Eigentümern Miterbe wird. Eingetragen am ...

Ist in der letztwilligen Verfügung nur die Deszendenz jemandes eingesetzt, solche aber beim Erbanfalle noch nicht vorhanden, so würden bei der notwendig werdenden Eigentumseintragung die durch Erbschein festgestellten Intestaterben als Vorerben und für die künftige Deszendenz in Abs. II der Nacherbenvermerk in vorstehender Weise eingetragen werden müssen.

c) Die Eintragung einer Deszendenz als Eigentümer ist dann zulässig, wenn die Zahl der Teilnehmer bereits geschlossen ist und nur die einzelnen Persönlichkeiten noch nicht ermittelt sind, z. B. die Deszendenz einer verstorbenen Frau. Ist die Zahl noch nicht geschlossen, z. B. wenn Abkömmlinge noch lebender Eheleute eingesetzt sind, so muß die Eintragung abgelehnt werden, weil die erforderliche Bestimmtheit fehlt, auch die künftigen Personen, wie Lit. a und b vorstehend erörtert, nur beschränkt rechtsfähig sind. Joh. Bd. 20 S. A 241, Bd. 25 S. A 151, Bd. 28 S. A 288, Bd. 29 S. A 153. Was vorstehend zu a bis c über die Eintragung als Eigentümer von Grundstücken gesagt ist, gilt selbstverständlich auch für die Eintragung als dinglich Berechtigte, nur ist hier das Nacherbenrecht in dem Eintragungs- oder Umschreibungsvermerk selbst aufzunehmen.

d) Ein Verstorbener ist nicht mehr rechtsfähig, kann deshalb nicht als Eigentümer in das Grundbuch eingetragen werden. Joh. Bd. 25 S. A 113.

2. Die natürliche Person muß genau bezeichnet werden, § 4 Nr. 1 AV., nämlich nach Stand, Vor- und Zunamen, die Frauen auch unter Mitangabe des Geburtsnamens und nach Wohnort. Reichen diese Angaben nicht aus, z. B. weil in dem Orte verschiedene Personen den gleichen Vor- und Zunamen führen, so muß eine weitere Unterscheidung hinzugefügt werden, z. B. der Jüngere oder der Ältere, unter Umständen der im Orte selbst gebräuchliche Zusatz, z. B. Kirchen-Voigt.

Bei Miteigentümern muß, § 48 BGB., angegeben werden, ob dieselben nach Bruchteilen und zu welchen oder zur gesamten Hand Eigentümer sind, im letzteren Falle auch das für die Gemeinschaft maßgebende Rechtsverhältnis z. B. N. zu $1/3$, M. zu $2/3$, bzw. A. B. C. als Miterben zur ungetrennten Erbengemeinschaft.

3. Die juristischen Personen des Handelsrechtes, sowie die offenen Handelsgesellschaften, die juristischen Personen des öffentlichen und Privatrechtes, insbesondere die eingetragenen Vereine können als Eigentümer eingetragen werden. Die Eintragung erfolgt bei den Handelsgesellschaften, Genossenschaften bzw. Vereinen unter ihrer Firma bzw. gemeinschaftlichen Namen unter Hinzufügung des Sitzes § 4 Nr. 2 AV.

Bei den juristischen Personen des öffentlichen Rechts, Staat, Gemeinden usw., kann auf Antrag derjenige Teil ihres Vermögens, zu dem das Grundstück gehört, oder die Bestimmung, dem dasselbe dienen soll, in Klammern beigefügt werden, § 4 Abs. 2, z. B. Königlich Preuß. Staat (Eisenbahnverwaltung) (Universität), Stadt Halle (Sparkasse).

Nicht eintragungsfähig sind u. a.:

a) Die nicht in das Vereinsregister eingetragenen Vereine, weil diese nicht die Rechte einer juristischen Person haben. Bei ihnen müssen die Namen sämtlicher Vereinsmitglieder eingetragen werden, auch muß, da sie nach §§ 54, 705ff. BGB., wie Gesellschaften zu behandeln sind, gemäß § 48 GBO. das unter ihnen bestehende Rechtsverhältnis eingetragen werden. Sie sind Miteigentümer zur gesamten Hand, es kann keiner von ihnen über das ganze Grundstück oder über einen Bruchteil verfügen, ebensowenig ist Zwangsvollstreckung in einem Bruchteil zulässig.

b) Die Firma eines Einzelkaufmannes, es muß vielmehr der Einzelkaufmann als Person eingetragen werden, Joh. Bd. 26 S. A 135.

4. Bei denjenigen Grundstücken, welche in dem Separationsverfahren gemeinschaftliches Eigentum verblieben sind, z. B. Lehmgruben, Weiden, Wege, wird in § 4 Abs. 3 AV., obwohl die Gemeinschaft keine eigentliche juristische Person bildet, ausnahmsweise zugelassen, daß dieselbe unter einem gemeinschaftlichen Namen Eigentum erwerben und eingetragen werden kann, jedoch nur dann, wenn sie gemäß § 2 Ges. v. 2. April 1887 mit einer gemeinschaftlichen Vertretung ausgestattet ist. Der gemeinschaftliche Name würde zu lauten haben:

Die Gesamtheit der Beteiligten an den durch den am 27. Oktober 1865 bestätigten Separationsrezeß in der Gemeinde Morl verbliebenen gemeinschaftlichen Angelegenheiten.

Als Vertreter dieser Gemeinschaft ist nach § 2 Ges. v. 2. 4. 87 von der Generalkommission der Gemeindevorstand zu bestellen. Derselbe hat zur Abgabe von Auflassungserklärungen außer seiner Ernennung die Genehmigung der gedachten Behörde und ein Zeugnis dahin vorzulegen, daß die Veräußerung den dinglich Berechtigten auf den bei der Separation beteiligten Grundstücken unschädlich ist, vorzulegen. Eine Eintragung der den Separationsinteressenten gehörigen Grundstücke bedarf es nach § 8 a. a. O. zur Auflassung ausnahmsweise nicht.

II. Sp. 3 dient nach der Überschrift zur Aufnahme des Erwerbsgrundes und des Verzichts auf das Eigentum gemäß § 928 BGB. Die Ausfüllung soll nach § 10 Nr. 3 AV. durch Eintragung des Datums der Auflassung oder des anderweiten Erwerbsgrundes und des Tages der Eintragung bewirkt werden.

1. Der hauptsächlichste Erwerbsgrund ist die **Auflassung** da, sie stets erforderlich ist, wenn es sich um freiwillige Übertragung des Eigentums durch Rechtsgeschäft handelt. Der Vermerk lautet: Aufgelassen am ... und eingetragen am ...

2. Die in § 10 Nr. 3 AV. vorgesehene anderweitige Grundlage zur Eintragung in Sp. 3 bilden hauptsächlich diejenigen Fälle, in welchen sich der Eigentumsübergang außerhalb des Grundbuchs vollzogen hat, so daß es sich nur um eine Berichtigung handelt. Es wird in dieser Beziehung auf § 12 Nr. 3 c, d, e Bezug genommen.

In dem Vermerke ist z. B. bei Erbgang das Datum der Urkunde, durch welche der Nachweis des Erbganges geführt wird, aufzunehmen, z. B.

> Auf Grund des Erbscheines vom ... bzw. des am ... verkündeten Testaments vom ... eingetragen am ...

Beim Zuschlage in der Zwangsversteigerung ist das Datum der Verkündigung des Beschlusses einzurücken, z. B.

> Auf Grund des am ... verkündeten Zuschlagsbeschlusses, bzw. des Enteignungsbeschlusses eingetragen am ...

3. Endlich ist in Sp. 3 auch der Vermerk über Verzicht auf das Eigentum aufzunehmen. Derselbe hat nur Wirkung und darf nur eingetragen werden, wenn er vor dem Grundbuchamte zu Protokoll erklärt ist, und ist, nachdem die Eintragung bewirkt ist, unwiderruflich, § 928 BGB. Von dem Verzichte ist der Regierung Nachricht zu geben.

Der Vermerk würde lauten: Der Eigentümer N. hat in der Erklärung vom ... auf sein Eigentum an lfde. Nr. 1 verzichtet. Eingetragen am ...

III. Sp. 4: Die Aufnahme des Erwerbspreises, Wertes oder der Versicherungssumme darf nie von Amts wegen, sondern **nur** auf **Antrag** des Erwerbers bzw. Eigentümers erfolgen. Der Antrag ist formlos zulässig.

Der **Erwerbspreis** kann nur aus der vorgelegten Urkunde über das Veräußerungsgeschäft entnommen werden, eine einseitige Angabe des Erwerbers reicht jedenfalls nicht aus. Der Wert muß, § 10 Nr. 4, durch eine öffentliche, d. h. nach Art. 73 Abs. 2 AG. z. BGB. durch gerichtliche oder durch eine von einer infolge staatlicher Verleihung mit Rechtsfähigkeit versehenen Kreditanstalt, bei Gebäuden auch durch eine öffentliche Versicherungsanstalt aufgenommene Taxe festgestellt sein. Das Taxinstrument oder die Feuerversicherungspolice ist zur Eintragung vorzulegen. Bei der Einrückung ist der Tag der Veräußerung, der Ermittelung des Wertes oder der Versicherung und das Datum der Eintragung anzugeben, z. B.

Hausbesitzung Nr. 1 am 4. Oktober 1901 mit 24000 Mark versichert. Eingetragen am ...

oder: Grundstück lfde. Nr. 1 am 3. Juli 1904 durch die Landschaft der Provinz Sachsen auf 4000 Mark abgeschätzt. Eingetragen am ...

## § 32. Abteilung II. Dingliche Rechte.

Die Abteilung II hat 8 Spalten, die in drei Unterabteilungen zerfallen, nämlich I. Sp. 1—3 zur Aufnahme der Belastungen selbst, II. Sp. 4—6 zur Aufnahme der Veränderungen dieser Belastungen, bzw. Spalte 6 zur Löschung der Veränderungen und III Sp. 7 und 8 zur Aufnahme der Löschungen der Lasten in Sp. 1—3.

I. Sp. 1—3. Nach der Vorschrift des § 11 AV. haben in Abt. II Aufnahme zu finden:

1. die dinglichen Rechte außer den Hypotheken, Grundschulden und Rentenschulden, mithin

a) das **Erbbaurecht,** also nach §§ 1012ff. BGB. das vererbliche und veräußerliche Recht auf oder unter der Oberfläche des belasteten Grundstücks ein Bauwerk zu haben, und zwar nicht nur ein Gebäude, sondern auch Brücken, Denkmäler, Eisenbahngeleise, Rohrleitungen usw. Joh. Bd. 29 S. A 130, 132.

Das Erbbaurecht ist den Grundstücken vollständig gleichgestellt, § 1017 BGB., wird deshalb auch durch Auflassung begründet und veräußert, § 1015 daselbst. Der Nachweis des Vorhandenseins des Bauwerks ist bei der Auflassung nicht erforderlich. Die ausführliche Aufnahme des Inhalts des Rechts im Grundbuche ist nicht notwendig, vielmehr kann die Bezugnahme auf die Auflassung oder auf die in derselben zugrunde liegenden Veräußerungsurkunde enthaltene Eintragungsbewilligung erfolgen, § 874 BGB., so daß der Vermerk lauten kann:

Ein Erbbaurecht für den Bauunternehmer N. unter Bezugnahme auf die Eintragungsbewilligung vom . . . eingetragen am . . .

Nach der bewirkten Eintragung der Belastung kann nach § 7 GBO. für das Erbbaurecht ein besonderes Grundbuchblatt angelegt werden. Die Anlegung muß von Amts wegen erfolgen, wenn das Recht belastet oder veräußert werden soll, sonst erfolgt sie nur auf formlosen Antrag. Die Anlegung geschieht in der Weise, daß auf dem nächsten freien Blatte des betreffenden Bezirks unter der lfdn. Nr. 1 über die Sp. 2—10 des Verzeichnisses I hinweg eingetragen wird:

Das im Grundbuche von Teicha Band I Blatt 4 Abteilung II unter Nr. 3 eingetragene Erbbaurecht, in Sp. 12. Bei Anlegung des Grundbuches eingetragen am . . .

und Abt. I der Bauunternehmer N. zu Teicha.

Sp. 3: auf Grund der Auflassung vom . . . eingetragen am . . . .

Die Anlegung des Grundbuchblattes muß auf dem Blatte des belasteten Grundstücks in Abt. II Sp. Veränderungen vermerkt werden, etwa dahin:

Für nebenstehendes Erbbaurecht ist Bd. III Blatt 93 dieses Grundbuches ein Grundbuchblatt angelegt. Eingetragen am . . .

Die auf dem belasteten Grundstücke Abt. II u. III eingetragenen Rechte sind bei Anlegung des Blattes auf dieses in Abt. II und III mit zu übertragen. — Zur Löschung der Verpflichtung auf dem belasteten Blatte genügt nicht der Nachweis des Wegfalles des Bauwerkes, § 1016 BGB., sondern nur Löschungsbewilligung und Verzicht, denen nach § 876 BGB. die auf dem für das Erbbaurecht angelegten Blatte eingetragenen Berechtigten zustimmen müssen. Durch die Löschung auf dem Blatte der Belastung wird die Eintragung auf dem besonderen Blatte gegenstandslos, so daß auf demselben Abschreibung und Schließung zu erfolgen hat, jedoch ist zur Löschung der etwa Abt. II und III eingetragenen Rechte, wie sonst, Löschungsbewilligung der Berechtigten und Antrag des Erbbauberechtigten erforderlich.

b) **Grunddienstbarkeiten.** Dieselben sind Belastungen eines Grundstücks zugunsten des jeweiligen Eigentümers eines anderen Grundstückes, kraft welcher die in § 1018 BGB. aufgeführten Rechte ausgeübt bzw. verhindert werden können. Dieselben bestehen auf seiten des Eigentümers des belasteten Grundstücks nur in einem Dulden oder Unterlassen, können denselben niemals zu einem Tun verbindlich machen, z. B. zur Herrichtung einer Grenzmauer. Die Grunddienstbarkeit kann auch nicht in der Verpflichtung zur Duldung einer nur einmaligen Handlung bestehen, z. B. in Gestattung der Wegnahme einer Anlage, muß vielmehr ein fortgesetztes, wiederkehrendes Benutzen des belasteten Grundstücks darstellen. Joh. Bd. 26 S. A 275. Weiter muß sie dem herrschenden Grundstücke in irgend einer Weise zum Vorteile gereichen, § 1019 BGB. Sind diese Voraussetzungen nicht vorhanden, so kann dem Verlangen auf Eintragung nicht stattgegeben werden, die unter Nichtbeachtung der gedachten Vorschriften erfolgte Eintragung ist sogar als ihrem Inhalte nach unzulässig und von Amts wegen gemäß § 54 GBO. wieder zu löschen.

Für sein eigenes Grundstück darf der Eigentümer an einem anderen ihm gehörigen Grundstücke eine Dienstbarkeit nicht bestellen, Joh. Bd. 20 S. A 294, dagegen erlischt die vorhandene Grunddienstbarkeit nicht, wenn das herrschende und dienende Grundstück in einer Hand vereinigt wird, § 889 BGB.

Der Inhalt der Dienstbarkeit kann bei der Eintragung ebenfalls durch die Bezugnahme ersetzt werden, § 874 BGB. Die Art der Dienstbarkeit ist aber im Vermerk ausdrücklich anzugeben, z. B. als Traufrecht, Wegerecht usw., so daß der Vermerk etwa dahin zu fassen ist:

**Ein Wegerecht für den jeweiligen Eigentümer des im Grundbuche von Diemitz Bd. II Blatt 40 lfde. Nr. 2 verzeichneten Grundstücks unter Bezugnahme auf die Bewilligung vom ... eingetragen am ...**

Die Grunddienstbarkeit kann auch auf dem Blatte des berechtigten Grundstücks im Verzeichnisse II eingetragen werden, jedoch geschieht diese Eintragung nur auf formlosen Antrag, nicht von Amts wegen, § 8 GBO. Ist dieselbe erfolgt, so müssen die auf den herrschenden Grundstücken eingetragenen dinglich Berechtigten nach § 21 GBO. jeder Verringerung oder Aufhebung auf dem belasteten Grundstücke zustimmen. Die Vorschriften des § 1025 und § 1026 BGB. über Teilung des berechtigten oder verpflichteten Grundstückes sind für den Grundbuchrichter nicht maßgebend, da er die im Verzeichnisse II eingetragenen Berechtigungen in gleicher Weise wie die eingetragenen Verpflichtungen auf die abgeschriebenen Teile von Amts wegen mit zu übertragen hat und hiervon grundsätzlich nur absehen darf, wenn durch Erklärungen der Beteiligten oder anderweit der Nachweis der Unrichtigkeit erbracht wird. Ergibt sich aber aus der Eintragungsurkunde oder aus der Sachlage unzweifelhaft, daß die Berechtigung nur einem bestimmten Teile des herrschenden Grundstücks zugute kommen, oder die Belastung nur einen besonderen Teil des verpflichteten Grundstücks betreffen kann und soll, so wird er von der Mitübertragung absehen dürfen.

Z. B. wenn für ein ganzes Gut die Mitbenutzung eines zu einem andern Gute gehörigen, auf der Grenze zwischen beiden Gutsgehöften befindlichen Brunnens eingetragen ist, wird auf Verlangen, ohne Mitwirkung der dinglich Berechtigten, die pfandfreie Abschreibung von Feldgrundstücken von dem belasteten Blatte erfolgen und die Mitübertragung des im Verzeichnisse II eingetragenen Rechtes auf die von dem herrschenden Grundstücke abgeschriebenen Ackerpläne unterbleiben können, da offenbar nur die beiden G u t s g e h ö f t e berechtigt bzw. verpflichtet sein sollen.

c) **Beschränkte persönliche Dienstbarkeiten.** Der Inhalt dieser Rechte stimmt mit dem der Grunddienstbarkeiten vollständig überein, § 1090 BGB., nur ist hier nicht ein Grundstück, sondern eine natürliche oder juristische Person der Berechtigte. Es gilt deshalb dasselbe, was lit. b gesagt ist, soweit sich eine Änderung nicht aus der Verschiedenheit des Berechtigten von selbst ergibt. Als solche ist besonders hervorzuheben, daß dieses höchst persönliche Recht beim Wegfall des Berechtigten, z. B. beim Tode der natürlichen bzw. beim Aufhören der juristischen Person, erlischt, § 1090 Abs. 2, § 1061 BGB. und auf Grund des Nachweises dieser Tatsache **sofort** gelöscht werden kann.

d) **Nießbrauch.** §§ 1030ff. Derselbe gewährt zum Unterschiede von den Berechtigungen zu a—c die Befugnis sämtliche Nutzungen aus dem belasteten Grundstücke zu ziehen, jedoch ist die Vereinbarung einer Beschränkung zulässig und eintragungsfähig. Derselbe kann nur für eine natürliche oder juristische Person begründet und eingetragen werden und bleibt an diese gebunden, erlischt mit deren Tode bzw. bei juristischen Personen mit dem Aufhören derselben, ist mithin weder vererblich noch übertragbar. Die Ausübung des Nießbrauchsrechts kann zwar abgetreten und gepfändet werden, § 1059 BGB. und § 857 Abs. 3 ZPO., jedoch ist die Eintragung dieser Abtretung und Pfändung nicht zulässig. §§ 1059, 1069 Abs. 2, 1274 Abs. 2 BGB. Eine Ausdehnung des Nießbrauchsrechts über die gesetzlichen Bestimmungen hinaus, z. B. über den Tod hinaus, kann nicht eingetragen werden, Joh. Bd. 25 S. A 290. Bei der Eintragung des Nießbrauchs kann hinsichtlich des Inhalts desselben, insbesondere auch der vereinbarten Beschränkungen auf die Eintragungsbewilligung Bezug genommen werden, § 874 BGB., so daß nur eingetragen zu werden braucht: Ein Nießbrauchsrecht für . . . unter Bezugnahme auf . . . Wenn auch das Recht mit dem Tode des Berechtigten erlischt, so kann die Löschung gleichwohl lediglich auf Grund der Sterbeurkunde wegen der möglichen Rückstände gemäß § 23 GBO. erst nach Ablauf eines Jahres erfolgen, vorher nur auf Bewilligung der nachgewiesenen Erben, s. § 12 Nr. 3 lit. d.

e) **Das dingliche Vorkaufsrecht** §§ 1094ff. Das Vorkaufsrecht kann subjektiv persönlich oder dinglich sein, im letzteren Falle auf Antrag auch als Recht im Verzeichnis II des berechtigten Blattes eingetragen werden; s. hierüber lit. b Abs. 4. Das subjektiv dingliche Vorkaufsrecht kann nicht abgetreten werden, geht aber von selbst mit dem herrschenden Grundstücke auf einen neuen Erwerber über.

Das subjektiv persönliche Vorkaufsrecht ist grundsätzlich weder vererblich noch abtretbar, es kann aber das Gegenteil ausgemacht sein. Ist z. B. für die Ausübung desselben eine bestimmte Zeit festgesetzt, so geht es bei dem innerhalb dieser Zeit eintretenden Erbfalle auf die Erben über. § 514 BGB. Die Abänderung der gesetzlichen Bestimmungen sowie die bestimmte Zeit müssen aber zu ihrer Wirksamkeit mindestens durch Bezugnahme im Grundbuche eingetragen werden. Sind derartige Ausnahmen nicht getroffen, so erlischt das subjektiv persönliche Vorkaufsrecht mit dem Tode des Berechtigten und kann, weil Rückstände nicht möglich, auf Grund der Sterbeurkunde sofort gelöscht werden. Ist das Recht nur bis zu einem bestimmten Zeitpunkte gewährt, so genügt nach Ablauf derselben der formlose Antrag zur Löschung. Die Löschung kann nach § 1104

BGB. auch auf Grund eines Ausschlußerkenntnisses erfolgen. Der Grundbuchrichter darf die Auflassung und Übertragung eines mit einem Vorkaufsrechte belasteten Grundstücks nicht ablehnen, da dasselbe nach § 1098 Abs. 2 BGB. nur als Vormerkung zur Sicherung des Anspruchs auf Ausübung von seiten des Berechtigten gilt und seine Ansprüche durch § 1099 BGB. gewahrt sind. Ein Vorkaufsrecht, bei dem im voraus der Preis gegen dessen Zahlung die Ausübung erfolgen soll, bestimmt ist, darf nicht eingetragen werden. Joh. Bd. 29 S. A 171.

f) Die **Reallasten,** also nach § 1105 BGB. die Rechte auf **wiederkehrende** Leistungen aus dem belasteten Grundstücke. Sie bestehen zum Unterschiede von den Dienstbarkeiten in einem Geben oder Tun, können deshalb auf Zahlung von Geld, Lieferung von Naturalien, Verrichtung von Diensten, z. B. Wartung und Pflege beim Altenteil, gerichtet sein. Notwendig ist, daß es sich um wiederkehrende Leistungen handelt. Die Verpflichtung zu einer einmaligen Zahlung von Geld, Lieferung von Gegenständen oder Vornahme einer Handlung kann nicht Reallast sein, darf deshalb auch nicht als solche im Grundbuche eingetragen werden, z. B. die Verpflichtung zur standesgemäßen Beerdigung in den Altenteilsverträgen.

Die Reallast kann subjektiv dinglich oder persönlich sein, eine Umwandlung der persönlichen in die dingliche ist ohne Zuziehung des Verpflichteten nicht gestattet §§ 1110, 1111 BGB. Die Übertragung oder Pfändung der subjektiv dinglichen Reallast ist überhaupt nicht zulässig. Bei der subjektiv persönlichen Reallast sind Veräußerung und Übertragung, sowie freiwillige oder zwangsweise Belastung zwar zulässig, jedoch nur, wenn dieses besonders vereinbart und im Grundbuche eingetragen ist, oder, beim Fehlen einer derartigen Abmachung, nach § 1111 Abs. 2 BGB. nur insoweit, als der Anspruch auf die einzelnen Leistungen der Reallast, z. B. bei der Leibrente, übertragbar und pfändbar ist. Veräußerung, Belastung und Pfändung sind mithin stets ausgeschlossen, wenn die Voraussetzungen der §§ 399, 400 BGB. oder § 850 Nr. 3 ZPO. vorliegen, z. B. bei Verpflichtung zur Wartung und Pflege oder Beköstigung. Soweit die Abtretung und Pfändung zulässig, ist sie auch eintragungsfähig, jedoch wird sie der Grundbuchrichter bei der Möglichkeit von Zweifel ablehnen und die Mitwirkung des Schuldners verlangen müssen. Bei Teilung des belasteten Grundstücks hat die Mitübertragung auf sämtliche Teile zu erfolgen, wenn nicht Freilassungserklärung oder Unschädlichkeitsattest vorgelegt wird. Wird bei einer subjektiv dinglichen Reallast das berechtigte Grundstück geteilt, so kann nach § 1109 BGB. der Berechtigte — bei vorhandener Eintragung in Verzeichnis II des berechtigten Blattes jedoch nur mit Zustimmung seiner Gläubiger § 21 GBO. — bestimmen, daß dieselbe hinfort nur einem oder einzelnen Teilen zustehen soll. Diese Erklärung hat aber erst Wirksamkeit, wenn sie dem Grundbuchamte gegenüber abgegeben, d. h. zu Protokoll des Grundbuchrichters erklärt oder demselben in öffentlicher Urkunde vorgelegt ist.

Auf dem herrschenden Blatte ist die Berechtigung dann nur bei dem künftig allein berechtigten Grundstücke zu belassen und im Grundbuche über das verpflichtete Grundstück in Abt. II Spalte Veränderung einzutragen:

Nebenstehende Berechtigung steht nur noch dem jeweiligen Eigentümer des im Grundbuche von ... verzeichneten Grundstücks zu. Eingetr. am ...

Die subjektiv persönlichen Reallasten erlöschen, wenn nicht etwas anderes vereinbart ist, mit dem Tode, können deshalb beim Nachweise desselben gelöscht werden. Soweit jedoch Rückstände möglich sind, kann, wenn nicht die sich ausweisenden Erben zustimmen, die Löschung nach § 23 GBO. erst ein Jahr nach dem Eintritt des Todes vorgenommen werden, s. § 12 Nr. 3 d.

Als Reallasten kommen für den Grundbuchrichter besonders in Frage:

α) Die Auszugsrechte oder Altenteile, Leibgedinge. Diese Berechtigungen beruhen in der Regel auf Überlassungsverträgen von Grundstücken, in welchen sich der Erwerber dem Überlasser gegenüber zu bestimmten Leistungen verpflichtet. Die Verpflichtung enthält selten ausschließlich Reallasten, wie Gewährung von Beköstigung, Lieferung von Naturalien, Zahlung eines Taschengeldes, sondern ist fast immer mit noch anderen Rechten verbunden, z. B. Gewährung einer Wohnung als beschränkte persönliche Dienstbarkeit, Gestattung der Mitbenutzung eines Gartens oder der alleinigen Benutzung eines Ackers als Nießbrauchsrecht.

Soweit die Altenteile durch Überlassungsverträge vereinbart sind, gelten für sie nach Art. 96 EG. z. BGB. die früheren landesgesetzlichen Vorschriften und deren Erweiterung durch Art. 15 § 1 bis 10 AG. z. BGB.

Für den Grundbuchrichter hat hauptsächlich die Vorschrift des § 50 GBO. Bedeutung, nach welcher bei Altenteilseintragungen durch die im Eintragungsvermerke enthaltene Bezugnahme auf die Eintragungsbewilligung nicht nur, wie es für die übrigen dinglichen Rechte in § 874 BGB. zugelassen, die Eintragung des näheren Inhaltes der einzutragenden Rechte ersetzt werden darf, sondern auch die Bezeichnung der Rechte selbst, die in ihrer Gesamtheit das Altenteil ausmachen. Es wird deshalb ein Vermerk:

Ein Auszugsrecht für den Nr. ... unter Bezugnahme auf die Bewilligung vom .. eingetragen am ...

stets ausreichen, es nicht einmal einer Angabe der Geldbeträge, z. B. Taschengeld oder der an Stelle der Naturalien vereinbarten Ersatzrente bedürfen.

Die Vereinbarungen eines Ersatzwertes für den Fall der Zwangsvollstreckung im Sinne des § 882 BGB., §§ 92, 121 ZVG., sowie die Vereinbarung, daß Löschung des Altenteils bei Nachweis des Todes sofort erfolgen soll, § 23 GBO., müssen im Grundbuche eingetragen werden.

β) Die zum Unterschiede von den nach Art. 11 AG. z. GBO. nicht eintragungsfähigen sogenannten gemeinen Lasten auf **privatrechtlichem** Titel beruhenden wiederkehrenden, an den Staat, Gemeinden, Kirchen, Pfarren, Küstereien, Schulen, Rittergüter als Erbzins, Lehngeld usw. zu leistenden Abgaben von Naturalien, z. B. Getreide, Brot, Eier oder von Geld, sowie die infolge Ablösung gemäß Ablösungsgesetz v. 2. 3. 50 an ihre Stelle getretenen Renten.

Die Neueintragung derartiger Verpflichtungen mit Ausnahme der Geldrenten ist nach dem durch Art. 115 EG. z. BGB. aufrecht erhaltenem § 91 AblGes. zwar unzulässig und die Ablösung möglich, gleichwohl finden sich auf einzelnen Grundbuchblättern so zahlreiche Naturalabgaben eingetragen, daß häufig die Übersichtlichkeit beeinträchtigt ist.

Vielfach sind dieselben nicht mehr wachend, sondern mit zur Ablösung gekommen, nur aus Versehen bei Bearbeitung des Ablösungsrezesses nicht gelöscht worden, z. B. weil sie mit einem Trennstücke ohne Anbringung des Übertragungsvermerkes auf ein anderes Grundbuchblatt mit übertragen waren. Es empfiehlt sich im Interesse der Grundbuchführung gegebenenfalls auf Beseitigung derselben Bedacht zu nehmen und bei der Generalkommission wegen der etwa erfolgten Ablösung anzufragen oder bei eingetragenen Abgaben für ein staatliches Institut, z. B. Rentamt oder Domänen die Regierung um Löschungsbewilligung zu ersuchen. Beide Behörden werden behufs künftiger Vermeidung der Benachrichtigungen bei Eigentumswechsel gern Auskunft erteilen.

Die infolge der Ablösung eingetragenen bzw. einzutragenden Renten sind entweder Rentenbankrenten oder Domänenamortisationsrenten; über die ersteren steht der Direktion der Rentenbank der betreffenden Provinz, über die letzteren der Regierung die Entscheidung zu. Beide haben zwar ohne Eintragung dingliche Wirkung, sogar das Vorzugsrecht der allgemeinen Lasten (Steuern), gleichwohl muß der Grundbuchrichter auf Ersuchen der Generalkommission ihre Eintragung bewirken. Der Angabe des Betrages der jährlichen Rente bedarf es nicht, es genügt vielmehr der Vermerk dahin:

Rentenbankrente nach Nr.... der Stammliste von Diemitz, oder Amortisationsrente für den Kgl. Domänenfiskus.

Ist auf Grund eines Ablösungsrezesses eine Rente an Stelle bisheriger Naturalabgaben einzutragen, so wird die Eintragung, obwohl sie gewissermaßen nur eine Änderung der bisherigen Belastung enthält, zweckmäßigerweise in Sp. 3 vorzunehmen, dabei aber anzugeben sein, welche Verpflichtung sie ersetzt etwa durch den Zusatz:

„an Stelle der Nr.... verzeichneten Abgaben eingetragen am ..."

Bei Abschreibung eines mitbelasteten Grundstücks oder Trennstücks muß, wenn nicht eine Freilassungsbewilligung vorgelegt wird (ein Unschädlichkeitsattest trifft die Renten nicht), die Mitübertragung der Renten erfolgen. Nach der Übertragung wird seitens des Katasteramtes im Auftrage der Direktion der Rentenbank bzw. der Regierung eine Verteilung vorgenommen. Wird hierbei für das Trennstück wegen seiner Geringfügigkeit eine besondere Rente nicht ermittelt, so ist auf Ersuchen der zuständigen Behörde die Löschung zu bewirken. Bleibt die für das Trennstück ermittelte Rente unter dem Betrage von jährlich 50 Pfennig, so ist der Eigentümer zur Ablösung durch Kapitalzahlung verpflichtet, die Löschung wird nach erfolgter Zahlung des Kapitals ebenfalls auf Ersuchen zu bewirken sein.

Ist der ermittelte Betrag jährlich mindestens 50 Pfennig, so braucht die Ablösung nicht zu erfolgen, es wird aber für das Trennstück eine neue Rentenstammliste bestimmt und auf Ersuchen im Grundbuche eingetragen. Der Vermerk wird bei dem abgeschriebenen Trennstück in Spalte Veränderungen etwa dahin aufzunehmen sein:

Das Grundstück lfde. Nr. ... ist fortan für sich nach Nr. ... der Stammliste rentenpflichtig. Eingetragen am ...

außerdem ist der in Sp. 3 befindliche Vermerk, soweit er die Übertragung ausdrückt, zu unterröten. Gleichzeitig muß auch auf dem ursprünglichen Blatte der in Spalte Veränderungen befindliche Vermerk über Mitübertragung der Rente beseitigt werden, was durch Eintragung eines Vermerkes in der Nebenspalte 6 dahin erfolgt:

Die Mithaft bei Band ... Blatt ... ist erloschen. Eingetr. am ...

2. Von den nach § 11 Nr. 2—4 AV. weiter in Sp. 3 aufzunehmenden Vermerken sind hauptsächlich hervorzuheben die Beschränkungen des Eigentümers durch:

a) Fideikommißeigenschaft. Der Vermerk muß die Familie, für welche das Fideikommiß errichtet ist, und den wesentlichen Inhalt der Stiftungsurkunde angeben, die letztere Angabe kann aber, § 874 BGB., durch die Bezugnahme auf die Stiftungsurkunde ersetzt werden.

Vermerk: Die Grundstücke bilden ein Familienfideikommiß der Bernhard von Arnimschen Familie nach Maßgabe der am ... bestätigten Stiftungsurkunde vom ... eingetragen am ...

b) Nacherben. § 52 GBO. Die Eintragung der Nacherben hat von Amts wegen bei Eintragung der Vorerben zu erfolgen, und zwar entweder auf Grund der öffentlichen letztwilligen Verfügung oder des Erbscheines. Zugleich sind etwaige Befreiungen des Vorerben mit aufzunehmen, die auch im Erbscheine enthalten sein müssen, § 2363 BGB.

Vermerk: Die Geschwister Karl und Ida Berger sind als Nacherben auf den Überrest eingesetzt. Die Nacherbfolge soll auch bei Wiederverheiratung der Eigentümerin, Witwe Anna Berger, geborne Voigt zu ... eintreten. Unter Bezugnahme auf das am ... verkündete Testament vom ... eingetragen am ...

c) Testamentsvollstrecker, § 53 GBO. Die Eintragung desselben hat ebenfalls mit der Eintragung der Erben von Amts wegen zu erfolgen. Der Antrag auf Eigentumseintragung wird mit Rücksicht auf § 2211 BGB., § 23 Abs. 2 GBO. nur vom Testamentsvollstrecker selbst gestellt werden können, wobei sich derselbe durch die öffentliche letztwillige Verfügung und das Zeugnis über Annahme des Amts, § 2202, oder durch Erbschein und seine Bestallung, § 2368 BGB., auszuweisen hat. Der Name braucht nicht eingetragen zu werden, vielmehr genügt: Es ist ein Testamentsvollstrecker ernannt. Eingetragen am ..., weil der Vermerk schon wegen der Möglichkeit einer Enthebung vom Amte, § 2227 BGB., zur Legitimation nicht ausreicht, diese gleichwohl stets zu führen ist.

d) Einleitung der Zwangsverwaltung oder der Zwangsversteigerung, des Konkurses, das Allgemeine Veräußerungsverbot im Konkursverfahren oder Verbot der Veräußerung und Belastung durch einstweilige Verfügung, § 938 ZPO. Die Vermerke brauchen nur die Tatsachen anzugeben.

Z. B. die Zwangsversteigerung ist angeordnet. Eingetragen am ... oder das allgemeine Veräußerungsverbot ist in dem eingeleiteten Konkursverfahren angeordnet. Eingetr. am ... oder durch einstweilige Verfügung vom ... ist die Veräußerung und Belastung untersagt. Eingetr. am ...

Diese Vermerke wirken nur bestimmten Personen gegenüber, nämlich dem betreibenden Gläubiger bzw. den Konkursgläubigern bzw. demjenigen gegenüber, der die einstweilige Verfügung veranlaßt hat, es wird also durch dieselbe die Verfügungsbefugnis des Eigentümers sonst nicht ausgeschlossen. Joh. Bd. 22 S. A 129.

3. In Sp. 3 gehören endlich auch die Vormerkungen zur Sicherung eines Anspruches auf ein daselbst erst künftig einzutragendes dingliches Recht, sowie die Vormerkungen und Widersprüche, welche das Eigentum betreffen. Dagegen gehören die Vormerkungen und Widersprüche, welche ein bereits in Abteilung II eingetragenes Recht betreffen, in Sp. 4 und 5, Veränderungen. § 14 AV.

IIa. Sp. 4 und 5. Von den nach § 11 Abs. 2 AV. in diesen Spalten aufzunehmenden Veränderungen und Beschränkungen der in Sp. 1—3 vorhandenen Eintragungen sind besonders hervorzuheben:

1. Die nachträgliche Anlegung eines besonderen Grundbuchblattes für ein Erbbaurecht, die nachträgliche Eintragung eines subjektiv dinglichen Rechtes im Verzeichnisse II des Blattes über das herrschende Grundstück, sowie die Pfändung bzw. Übertragung eines dinglichen Rechtes, sofern dieselben zulässig sind. Die Pfändung und sonstige Verfügungsbeschränkung muß stets in Sp. 5 Aufnahme finden, auch wenn sie gleichzeitig mit der Eintragung der Belastung selbst eingetragen wird, § 11 Abs. 2 letzter Satz AV., während die Anlegung des besonderen Blattes für das Erbbaurecht und erfolgte Eintragung des subjektiv dinglichen Rechtes im Verzeichnisse II des herrschenden Blattes, wenn beides gleichzeitig mit der Belastung geschieht, im Belastungsvermerke selbst mit aufgenommen werden kann.

Z. B. Ein Erbbaurecht für den pp. unter Bezugnahme auf die Bewilligung vom ... eingetragen am ... mit dem Bemerken, daß für dasselbe Band ... Blatt angelegt ist.

2. Die nachträgliche Mitbelastung eines anderen Grundstücks, § 49 GBO. oder Freilassung eines solchen.

Diese Mitbelastung zu dem bisherigen Vermerke ist stets einzutragen, selbst wenn das nachverpfändete Grundstück auf demselben Blatte verzeichnet ist.

Wenn z. B. auf einem Blatte Grundstück lfde. Nr. 1 in Abt. II Nr. 1 mit einem Altenteile belastet ist, demnächst für letzteres auch Grundstück lfde. Nr. 2 verpfändet wird, so ist zunächst die Belastung auf lfde. Nr. 2 in Sp. 1—3 einzutragen, wofür etwa folgender Vermerk ausreicht:

Das Altenteil Nr. 1 haftet auch auf dem Grundstücke lfde. Nr. 2. Eingetragen am ...

Sodann muß aber auch Sp. 4 und 5 zu dem Vermerke auf lfde. Nr. 1 eingetragen werden: Für die nebenstehende Belastung haftet auch das Grundstück lfde. Nr. 2. Eingetr. am ...

Bei Freilassungen ist eine Eintragung nicht erforderlich, wenn das entlassene Grundstück abgeschrieben wird, da nach § 47 Abs. 2 GBO. die pfandfreie Übertragung als Löschung gilt.

Der Eigentümer braucht der Freilassungserklärung nicht zuzustimmen, da § 27 GBO. die Zustimmung nur für Hypotheken, Grundschulden und Rentenschulden vorschreibt.

3. Rangänderung. Dieselbe ist, wenn die in Frage kommenden Rechte bereits im Grundbuche stehen, bei sämtlichen beteiligten Rechten einzutragen, § 880 BGB. Betrifft dieselbe Rechte derselben Abteilung, so ist in Sp. 5 nur ein Vermerk oder Hinweis auf sämtliche beteiligte Rechte erforderlich.

Z. B. Vor dem Altenteil Nr. 1 ist dem Erbbaurecht Nr. 2 der Vorrang eingeräumt. Eingetragen am ...

Wird eine Urkunde über eine Rangänderung, z. B. Rücktritt eines bereits eingetragenen Rechts gleichzeitig mit der Eintragungsbewilligung des erst mit Vorrang einzutragenden neuen Rechtes vorgelegt, so ist dagegen bei dem letzteren der Vermerk über Vortritt in Sp. 3 mit aufzunehmen. Die Vorschrift über notwendige Zustimmung des Grundstückseigentümers, § 880 BGB., hat für Rangänderung von Rechten lediglich in Abt. II keine Gültigkeit.

IIb. Sp. 6. Diese für die Löschung der in Sp. 5 verzeichneten Vermerke bestimmte Spalte kommt hauptsächlich zur Benutzung bei Wegfall der eingetragenen Pfandrechte oder Mitübertragungsvermerke, endlich zur Löschung einer Vormerkung oder eines Widerspruchs, welche die Rechte in Sp. 1—3 betreffen und deshalb Sp. 5 eingetragen waren.

III. Sp. 7 u. 8 sind auszufüllen, wenn Löschung der in Sp. 1—3 eingetragenen Rechte ganz oder teilweise erfolgt, mögen dieselben völlig oder nur auf diesem Blatte aufhören. Letzteres ist namentlich bei Übertragung derselben auf ein anderes Grundbuchblatt infolge Abschreibung des allein belasteten Grundstückes der Fall. Dieser Vermerk würde lauten können:

Zu 3 mit dem allein belasteten Grundstücke auf Band ... Blatt ... übertragen und daher hier gelöscht am ...

Nach der erfolgten Löschung sind sämtliche sich auf das gelöschte Recht beziehenden Vermerke zu unterröten. § 13 Abs. 3 AV.

## § 33. Abteilung III. Hypotheken, Grundschulden und Rentenschulden.

Die Abteilung III ist zur Aufnahme der Hypotheken, Grundschulden und Rentenschulden, also der eigentlichen Grundstückpfandrechte bestimmt, § 12 AV. Ihre Einrichtung entspricht vollständig der der Abt. II, nur treten bei ihr noch die Sp. 3, 6 und 10 zur Darstellung der Geldbeträge, auf welche sich die Vermerke der nachfolgenden Spalten beziehen, hinzu. Es sind mithin I (in Sp. 1—4 die zur Begründung dieser Grundstückspfandrechte erforderlichen Vermerke, in Sp. 5—7 die bei denselben vorkommenden Veränderungen, in der Unterspalte 8 die Löschungen dieser

Veränderungen und in Sp. 9—11 die Löschungen der Hypotheken, Grundschulden und Rentenschulden selbst (Sp. 1—4) einzutragen.

Alle drei Arten der Grundstückspfandrechte gewähren dem Gläubiger das Recht, aus dem belasteten Grundstücke eine bestimmte Geldsumme zu fordern — nicht etwa andere Gegenstände, Joh. Bd. 25 S. A 150 —, zu deren Erlangung er sogar die Zwangsvollstreckung verlangen darf, §§ 1147, 1192 BGB. Die noch aus dem früheren Rechte herrührenden Hypotheken und Grundschulden, einschließlich der Kautionshypotheken — Rentenschulden waren unbekannt — sind durch Art. 192, 193 EG. z. BGB., Art. 33 AG. z. BGB. dem gegenwärtigen Gesetze unterstellt, bedürfen deshalb keiner besonderen Behandlung.

## A. Einzutragende Rechte.

I. Sp. 1—4. Die Hypotheken zerfallen in verschiedene Unterarten, nämlich:

1. **Gewöhnliche** oder **Verkehrshypotheken.** § 1113 BGB.

Die Hypothek setzt stets eine **persönliche** Forderung voraus, zu deren Sicherung die Eintragung im Grundbuch erfolgt. Der Grund dieser Forderung — Schuldgrund — muß, §§ 1113, 1115 Abs. 1 BGB., zur Vermeidung der Ablehnung des Eintragungsantrages in der Eintragungsbewilligung entweder ausdrücklich angegeben oder wenigstens hinreichend ersichtlich gemacht werden, z. B. Darlehn, Eingebrachtes, als elterliches Erbteil überwiesene Kaufgelder. Joh. Bd. 21 S. A 139, Bd. 22 S. A 307. In dem Eintragungsvermerke ist die Aufnahme des Schuldgrundes zwar üblich, jedoch nicht direkt vorgeschrieben, sie kann vielmehr auch durch die Bezugnahme ersetzt werden. Die Hypothek kann auch für eine **bedingte** oder **befristete** Forderung bestellt werden, § 1113 Abs. 2 BGB., diese Befristung oder Bedingung ist dann aber im Grundbuche aufzunehmen. Über eine derartige Hypothek kann ohne Nachweis des Eintritts der Bedingung usw., z. B. durch Abtretung verfügt werden, denn dem Erwerber sind die Mängel durch die Eintragung bekannt, § 892 BGB.

Die Hypothek muß für eine andere Person eingetragen werden, für sich selbst kann der Eigentümer eine solche nicht bestellen.

2. **Brief-** oder **Buchhypothek.**

Grundsätzlich ist über jede Hypothek ein Hypothekenbrief zu bilden § 1116 Abs. 1 BGB. Über den Inhalt desselben s. § 57 GBO., § 38 AV. u. Anl. B z. AV. Der Brief ist, § 58 GBO., mit der Schuldurkunde durch Schnur und Siegel zu verbinden, und zwar entweder mit der vorgelegten Urschrift oder einer beglaubigten Abschrift derselben, oder z. B. bei gerichtlicher Aufnahme, mit der Ausfertigung. Ist die Schuldurkunde privatschriftlich ausgestellt und die Eintragungsbewilligung in der Form des

§ 29 GBO. besonders beigebracht, so ist nur diese privatschriftliche Urkunde anzuheften. Der Hypothekenbrief besteht sonach aus zwei voneinander verschiedenen Teilen, von denen der eigentliche Hypothekenbrief der Träger der dinglichen Berechtigung, die Schuldurkunde der Träger der persönlichen Forderung ist. Für die Löschung ist deshalb auch die Vorlegung des eigentlichen Hypothekenbriefes ohne Schuldurkunde ausreichend zum Unterschiede von den aus dem vor Einführung der Pr. GBO. ausgestellten Hypothekendokumenten, bei welchen die Schuldurkunde mit dem **Ingrossationsvermerk** die Hauptsache, der Hypothekenbuchauszug Nebensache ist. Ist ausnahmsweise, was nach jetzigem Rechte nach § 58 Abs. 3 GBO. zulässig, eine Schuldurkunde nicht gebildet, z. B. bei mündlicher Abschließung des Darlehnsvertrages, so muß dieses mindestens durch eine Erklärung des Schuldners in der Form des § 29 GBO. nachgewiesen werden. In dem Hypothekenbriefe wird dann ein Vermerk über diese Erklärung anzubringen sein. Der Hypothekenbrief darf nur vom Grundbuchamte ausgestellt werden, § 56 GBO., er muß, § 60 GBO., dem Eigentümer ausgereicht werden, jedoch kann der letztere die Ausreichung direkt an den Gläubiger anordnen. Diese Bestimmung muß als Abweichung von der gesetzlichen Vorschrift in der Form des § 29 GBO. erfolgen: ein Antrag des Notars hat in dieser Beziehung keine Wirkung. Der Gläubiger erwirbt nach § 1117 BGB. die Briefhypothek erst, wenn er den Besitz des Briefes vom Eigentümer erlangt hat, jedoch gilt die Ermächtigung des Grundbuchamtes zur Aushändigung an ihn schon als Übergabe, § 1117 Abs. 2 BGB. Bei einer Briefhypothek muß zu jeder Eintragung, selbst wenn sie durch Gerichtsbeschluß angeordnet wird, der Brief vorgelegt werden, § 42 GBO., damit dieselbe gemäß § 62 GBO. auf ihm vermerkt wird. Nur ausnahmsweise ist dies nicht erforderlich, nämlich wenn durch einstweilige Verfügung die Eintragung eines Widerspruchs angeordnet ist, der sich darauf gründet, daß die Hypothek oder die Forderung nicht bestehe oder anfechtbar sei, oder die Hypothek dem Inhalte oder Range nach unrichtig eingetragen sei. Der Grundbuchrichter hat jedoch nach der Eintragung des Widerspruchs die Vorlegung des Briefes behufs nachträglichen Vermerks des Widerspruchs von Amts wegen, gegebenenfalls durch Zwangsmittel, Art. 15—17 Pr. FG., zu veranlassen.

Die **Buchhypothek** entsteht, wenn die Erteilung des Hypothekenbriefes ausgeschlossen wird. Die Ausschließung hat bei der ersten Eintragung nur der Eigentümer zu erklären, einer Mitwirkung des künftigen Gläubigers bedarf es schon deshalb nicht, weil er die Hypothek nach § 1117 Abs. 1 BGB. erst mit ihrer Eintragung erwirbt. Joh. Bd. 20 S. A 97. Die Ausschließung des Hypothekenbriefes ist in Sp. 4 mit einzutragen. — Die vorhandene Buchhypothek kann in eine Briefhypothek umgewandelt werden, § 1116 Abs. 3 BGB. Hierzu ist Einigung des Eigentümers und Gläubigers erforderlich, jedoch reicht zur Annahme dieser Einigung der in der Form des § 29 GBO. von den Beteiligten gestellte einfache Antrag auf Brieferteilung aus Joh. Bd. 28 S. A 151. Die Durchführung dieser Umwandlung erfolgt durch die Eintragung in Sp. 5—7, daß die bisherige Ausschließung der Erteilung des Hypothekenbriefes aufgehoben ist, und durch die Bildung des Briefes, dem entweder die eingereichte oder bei den Akten befindliche Schuldurkunde bzw. eine Ausfertigung oder beglaubigte Abschrift derselben anzuhängen ist. Der nachträglich gebildete Brief ist aber dem **Gläubiger** auszureichen.

Umgekehrt kann auch die Briefhypothek in eine Buchhypothek durch Einigung der Beteiligten umgewandelt werden, § 1116 Abs. 2 BGB. In diesem Falle ist im Grundbuche Sp. 5—7, einzutragen, daß die Erteilung des Hypothekenbriefes nachträglich ausgeschlossen ist. Der Brief ist in diesem Falle wie bei der Löschung nach § 69 GBO. durch Zerschneiden unbrauchbar zu machen, mit dem Vermerke der Ausschließung zu versehen und dem Eigentümer, die abgetrennte Schuldurkunde dagegen dem Gläubiger auszureichen.

3. **Hypothek des Eigentümers.** Zwar setzt die Hypothek die Verbindung mit einer persönlichen Forderung voraus, jedoch ist das tatsächliche Vorhandensein derselben weder für ihre Entstehung noch ihren Fortbestand absolut notwendig. Sehr oft geht nämlich die Eintragung der Hypothek der Entstehung der persönlichen Forderung voraus, z. B. wenn das versprochene Darlehn von der Prüfung der Sicherheit auf Grund des Hypothekenbriefes abhängig gemacht ist, und ebenso häufig bleibt die eingetragene z. B. Hypothek bestehen, wenn die persönliche Forderung bereits erloschen ist, durch Zahlung von seiten des Eigentümers, §§ 362, 1142ff. BGB., durch Hinterlegung unter ausdrücklicher Ausschließung der Rücknahme § 378 BGB., durch Erlaß der Schuld § 397 BGB., durch Aufrechnung u. a. infolge der Übernahme auf den Kaufpreis, Joh. Bd. 22 S. 313, § 1142 Abs. 2 BGB., durch Erwerb der Forderung von seiten des Eigentümers oder umgekehrt u. a. bei Abtretung oder Erbgang. In allen diesen Fällen steht bzw. fällt die Hypothek dem Eigentümer zu, §§ 1163, 1177 Abs. 1 BGB., jedoch wegen Fehlens der persönlichen Forderung nicht als Hypothek sondern als Eigentümergrundschuld. Dasselbe ist der Fall, wenn der Gläubiger auf die Hypothek verzichtet, § 1168 BGB., dieser Verzicht ist indessen erst wirksam, wenn er dem Grundbuchamte gegenüber erklärt, d. h. bei demselben zu Protokoll gegeben oder durch Einreichung einer Urkunde in der Form des § 29 GBO. erklärt, und außerdem im Grundbuche eingetragen ist.

Der Eigentümer kann über die Eigentümergrundschuld durch Abtretung, Löschung oder anderweit erst verfügen, wenn er das Nichtentstehen oder die Aufhebung der persönlichen Forderung in öffentlicher Urkunde nachgewiesen hat, wozu wohl fast immer, abgesehen vom Aufgebot und der Hinterlegung, eine Erklärung des eingetragenen Gläubigers erforderlich sein wird. Diese Erklärung ist namentlich auch notwendig, wenn, § 1163 BGB., die Hypothek nicht entstanden ist, der Besitz des Hypothekenbriefes reicht jedenfalls nicht aus. Beim Eintritt eines Eigentumswechsels steht die Eigentümergrundschuld demjenigen zu, der zur Zeit des Erlöschens der persönlichen Forderung als Eigentümer eingetragen war. Sie bleibt auch seine Grundschuld, wenn das Grundstück später veräußert wird. Erfolgt die Zahlung zwischen der Auflassung und der Eintragung des Eigentumsüberganges, so wird die Hypothek Eigentümergrundschuld des Veräußerers, wenn dieser die Zahlung bewirkt, während sie bei Befriedigung durch den Erwerber der letztere als solche erwirbt, jedoch erst von dem Augenblick seiner Eigentumseintragung ab. Joh. Bd. 28 S. A 122.

Beim Erlöschen der persönlichen Forderung durch Zahlung oder Hinterlegung hat der Eigentümer auch darzutun, daß er die Zahlung bzw. Hinterlegung selbst geleistet hat oder daß sie in seinem Namen und Auftrage geleistet ist, es muß deshalb z. B. aus der vorgelegten Quittung hervorgehen, daß er die Befriedigung bewirkt hat. Joh. Bd. 23 S. A 235, Bd. 26 S. A 149.

4. Nur ausnahmsweise wird die auf den Eigentümer übergegangene Hypothek nicht Eigentümergrundschuld, sondern bleibt Hypothek, nämlich, wenn er auch die persönliche Forderung mit erworben hat. Es sind dieses die in § 1143 BGB. zugelassenen Fälle, in welchen der Grundstückseigentümer den Gläubiger befriedigt, obwohl nicht er, sondern ein anderer persönlicher Schuldner ist. Z. B.: Es ist bei Erwerb eines mit einer Hypothek belasteten Grundstückes ausdrücklich vereinbart, daß der Veräußerer persönlicher Schuldner bleiben, die Hypothek aus seinen Mitteln zur Löschung bringen soll. Kommt derselbe sodann bei Eintritt der Fälligkeit seiner Verpflichtung nicht nach, so daß der Eigentümer zur Vermeidung des Verlustes des Grundstückes, §§ 268, 1150 BGB., Zahlung leistet, so erwirbt er nicht nur die Hypothek, sondern auch die persönliche Forderung, kann über beide u. a. durch Abtretung verfügen, selbstverständlich muß er dann nachweisen, daß auch die persönliche Forderung auf ihn übergegangen ist. Hierzu wird die Quittung oder Abtretung des Gläubigers bzw. die Vorlegung des Kaufvertrages ausreichen.

5. **Gesamthypotheken,** § 1132 BGB. Dieselben liegen vor, wenn für eine **einheitliche** Forderung **mehrere selbständige** Grundstücke haften, mögen diese einzelne Katasterparzellen oder geschlossene Güter sein, auf demselben oder verschiedenen Grundbuchblättern verzeichnet stehen, in dem Bezirke eines oder mehrerer Grundbuchämter geführt werden, demselben oder verschiedenen Eigentümern gehören.

Der Gesamtgläubiger kann seine Befriedigung aus jedem einzelnen Grundstücke ganz oder teilweise suchen, § 1132 Abs. 1 BGB., jedoch hören seine Ansprüche auf, wenn er aus einem derselben Befriedigung erlangt hat, § 1181 BGB.

Die Gesamthypotheken können Brief- oder Buchhypotheken sein. Für die Bildung der Gesamtbriefe enthält § 59 GBO. die maßgebenden Vorschriften, ihre Fassung ergibt sich aus der Anl. D der AV.

a) Sind die sämtlichen belasteten Grundstücke auf demselben Blatte verzeichnet, so ist nur ein einheitlicher Vermerk aufzunehmen, die laufenden Nummern aller zu belastenden Grundstücke in Sp. 2 einzurücken.

b) Befinden sich die zu belastenden Grundstücke auf verschiedenen Blättern desselben Amtsgerichts, so sind die Eintragungsvermerke auf jedem Blatte Sp. 4 einzutragen und ist am Schlusse gemäß § 49 GBO. die Mitbelastung wechselseitig — Mitbelastet sind die Band ... Blatt ... verzeichneten Grundstücke — kenntlich zu machen. Über die auf den verschiedenen Blättern eingetragene Hypothek ist nur ein einheitlicher Brief gemäß § 59 GBO. und Anl. D z. AV. zu bilden.

c) Gehören die zu belastenden Grundstücke zu verschiedenen Grundbuchämtern, so ist die Eintragung der Mitbelastung von demjenigen, bei welchem die Eintragungsbewilligung eingereicht ist, von Amts wegen herbeizuführen. Es geschieht dieses in der Weise, daß nach erfolgter Eintragung dem anderen Amtsgerichte die Eintragungsurkunde und zwar, wenn dieselbe eingereicht ist, in Urschrift unter Zurückbehaltung einer beglaubigten Abschrift, wenn sie vom Grundbuchamte aufgenommen ist, in Ausfertigung unter Zurückbehaltung der Urschrift, zugleich mit der Nachricht der erfolgten Eintragung zur weiteren Veranlassung überschickt wird. Die Eintragung der Mithaft der anderen Grundstücke kann selbstverständlich auf dem ersten Blatte noch nicht erfolgen.

Das andere Amtsgericht hat sodann die Eintragung auf seinen Grundstücken unter gleichzeitiger Eintragung der Mithaft der Grundstücke des ersten Amtsgerichts zu bewirken und dem letzteren hiervon Nachricht zu geben, worauf dieses die Mithaft in Sp. 5—7 zu vermerken hat.

Die in dem beim Kgl. Amtsgericht M. geführten Grundbuche von N. Band ... Blatt ... verzeichneten Grundstücke sind mitverhaftet. Eingetragen am ...

Die beiderseitigen Nachrichten müssen bei **Buch**hypotheken mit dem Siegel oder Stempel versehen werden, weil sie sonst nicht als Grundlage zur Eintragung der Mithaft dienen können. Bei Briefhypotheken reicht die wechselseitige Übersendung der Briefe aus, da sich die Eintragungsbewilligung aus der mit demselben verbundenen Schuldurkunde und die erfolgte Eintragung aus dem Briefe ergibt. Nach § 59 GBO. hat in diesem Falle jedes Amtsgericht über seine

Hypothek einen besonderen Brief zu bilden, die sämtlich mit der Schuldurkunde durch Schnur und Siegel zu verbinden sind. Nach Rücksendung des Briefes muß das erste Amtsgericht auf dem von ihm gebildeten Briefe den Mithaftvermerk ausdrücklich aufnehmen, die Verbindung beider Briefe ersetzt diesen Vermerk nicht.

d) Entsteht die Gesamthypothek erst durch nachträgliche Belastung eines weiteren Grundstückes, und befindet sich dieses auf demselben Blatte, so bedarf es einer nochmaligen ausführlichen Aufnahme des Eintragungsvermerkes nicht, es genügt vielmehr der Vermerk:

Für die unter Nr. 1 eingetragene Hypothek haftet auch das Grundstück lfde. Nr. 4 des Bestandverzeichnisses. Eingetragen am ...

Dieser Vermerk wird, da er eine **neue** besondere Belastung darstellt, in den hierfür bestimmten Sp. 1—4 aufzunehmen sein.

Weiter ist in Sp. 5—7 bei der ursprünglichen Eintragung die durch die Erweiterung entstandene Änderung zu vermerken: Das Grundstück lfde. Nr. 4 haftet mit. Eingetragen am ... Dieser Vermerk betrifft jedoch nur die bisherige Eintragung in Sp. 1—4, kann die Neubelastung des Grundstückes lfde. Nr. 4 nicht ersetzen, ist also außer derselben aufzunehmen.

Ist das neu zu belastende Grundstück auf einem anderen Blatte verzeichnet, so ist auf diesem der vollständige Eintragungsvermerk unter Hinzufügung der Mitbelastung auf dem ersten Blatte in Sp. 1—4 aufzunehmen und auf dem ersten Blatte in Sp. 5—7 die Mitbelastung des künftig mithaftenden Grundstückes zu vermerken. Ein neuer Brief ist in beiden Fällen nicht zu bilden, vielmehr auf dem vorhandenen gemäß § 63 GBO. die nachträgliche Mitbelastung unter Aufnahme der in § 57 GBO. für die Briefe vorgeschriebenen Angaben zu vermerken.

Gehört das neu zu belastende Grundstück zu einem anderen Amtsgerichte, so hat dieses dagegen auch in diesem Falle, § 59 GBO., einen besonderen Brief zu bilden und dem vorhandenen anzuheften.

e) Entsteht endlich die Gesamthypothek durch Übertragung eines Teiles der belasteten Grundstücke auf ein anderes Blatt, so muß auf dem ursprünglichen Blatte in Sp. 5—7 die Mitübertragung vermerkt und auf dem neuen Blatte in dem Sp. 1—4 zu übernehmenden vollständigen Eintragungsvermerke die Übertragung zur Mithaft angegeben werden.

f) Eine Abtretung der Forderung kann nur auf sämtlichen Grundstücken eingetragen werden.

Dagegen kann der Gläubiger, da jedes einzelne Grundstück für die ganze Forderung haftet, eine Verteilung in der Weise vornehmen, daß jedes Grundstück nur noch für einen bestimmten Teil der Forderung haftet, § 1132 BGB. Diese Fälle kommen in der Praxis bei Abveräußerung von mitbelasteten Grundstücken nicht selten vor. An sich würde nach § 1132 der Gläubiger zu der Bestimmung, für welchen Betrag das veräußerte bzw. das zurückbehaltene Grundstück fortan haften soll, allein befugt sein, da es sich aber gleichzeitig um Löschung der nicht bestehen bleibenden Teilhypotheken handelt, ist die Zustimmung und der Antrag des Eigentümers erforderlich.

Beispiel: Auf dem auf demselben Blatte unter lfde. Nr. 1, 2, 3 verzeichneten Grundstücken ist eine Gesamthypothek von 5000 Mark eingetragen, demnächst wird lfde. Nr. 3 veräußert und vereinbart, daß auf demselben von der Gesamthypothek künftig 2000 Mark und auf lfde. Nr. 1 und 2 nur noch 3000 Mark verbleiben sollen. Zur Ermöglichung der Eintragung gleichzeitig bei der Auflassung würde die Verteilung in diesem Sinne und die Bewilligung des Gläubigers zur Löschung von 2000 Mark auf lfde. Nr. 1 und 2 und von 3000 Mark auf lfde. Nr. 3, sowie der Löschungsantrag dieser Bewilligung gemäß, gegebenenfalls auch die Übernahme der 2000 Mark in Anrechnung auf den Kaufpreis von seiten des Erwerbers erforderlich sein, die Durchführung sodann in folgender Weise zu erfolgen haben:

Auf dem bisherigen Blatte ist die Abschreibung des Grundstücks lfde. Nr. 3 in Sp. 13 u. 14 vorzunehmen, demnächst in Abteilung III die Teillöschung und Verteilung zu vermerken, und zwar am zweckmäßigsten in Sp. 9—11 dahin: Zweitausend Mark sind als selbständige Hypothek mit Grundstück lfde. Nr. 3 auf Band ... Blatt ... mit übertragen und daher hier gelöscht am:

Der gelöschte Betrag ist in Sp. 3 abzuziehen, § 13 Abs. 4 AV.

5000 Mk.
— 2000 „
3000 Mk.

Auf dem neuen Blatte ist nach Eintragung des Grundstücks in Abt. III Sp. 1—5 die mit übernommene Teilhypothek in der ursprünglichen Fassung unter Hervorhebung des ursprünglichen Gesamtbetrages, der Mitübertragung und der Alleinhaft aufzunehmen etwa dahin: Zweitausend Mark Darlehn, Teilbetrag der ursprünglichen Gesamthypothek von 5000 Mk., verzinslich usw. unter Bezugnahme auf die Eintragungsbewilligung vom ... bei Band ... Blatt ... eingetragen am ... und als besondere Hypothek mit dem belasteten Grundstücke übertragen am ...

Da nach § 64 GBO. bei der Verteilung einer Gesamthypothek Teilbriefe ausgeschlossen sind, und neue Einzelbriefe zu bilden sind, so hat dieses auch im vorliegenden Falle zu geschehen. Der Gesamtbrief ist deshalb unbrauchbar zu machen und nach Abtrennung der Schuldurkunde dem bisherigen Schuldner auszureichen. Die neuen Sonderbriefe werden nach dem gegenwärtigen Stande des Grundbuches gebildet und mit der Gesamtschuldurkunde bzw. einer beglaubigten Abschrift derselben verbunden. In derselben ist die Gesamtsumme mit aufzunehmen z. B.: Hypothekenbrief über die von der Gesamthypothek von 5000 Mark infolge Verteilung im Grundbuche von N. Bd. Bl. Abt. III Nr. . . . eingetragnee Hypothek von 3000 (bzw. 2000) Mk. Weiter muß § 68 Abs. 1 GBO. jeder der beiden Hypothekenbriefe den Vermerk enthalten, daß er hinsichtlich des aus ihm hervorgehenden Teilbetrages an Stelle des bisherigen Gesamtbriefes tritt. Die Erteilung der neuen Briefe ist auch im Grundbuche zu vermerken, § 68 Abs. 2 GBO., der Vermerk wird nur auf dem ursprünglichen Blatte anzubringen sein, und zwar Sp. 5—7 etwa dahin: An Stelle des vernichteten Gesamtbriefes sind neue besondere Briefe erteilt. Eingetragen am . . .

g) Ist beim Vorhandensein mehrerer Gesamtschuldner die Forderung nicht zur Entstehung gelangt, so steht den Eigentümern zwar Eigentümergrundschuld an ihren Grundstücken zu, §§ 1163, 1172 BGB., indessen jedem einzelnen nur zu einem verhältnismäßigen Bruchteile, § 741 BGB. Zu einer Verfügung über diesen Anteil bzw. Umschreibung auf seinen Namen kann er jedoch erst zugelassen werden, wenn sowohl das Nichtentstehen der Forderung als auch die Größe seines Anteiles durch Erklärung sämtlicher Gesamtschuldner bzw. rechtskräftige Verurteilung nachgewiesen ist. Für die Behandlung des Hypothekenbriefes gilt dasselbe, wie bei der Verteilung.

h) Befriedigt einer von mehreren Eigentümern den Gesamtgläubiger, oder geht das Gläubigerrecht aus einem anderen Grunde, z. B. Abtretung, Erbgang, auf ihn über, so erwirbt er Eigentümergrundschuld nur an seinem Grundstücke, während die Hypothek auf den übrigen Grundstücken erlischt. Nur wenn er Ersatz von einem anderen Eigentümer erlangen kann, bleibt in Höhe des Ersatzanspruches die Forderung bestehen und geht mit der ebenfalls auf dem Grundstücke des Ersatzpflichtigen bestehen bleibenden Hypothek auf ihn über, §§ 1174, 1173 BGB. Dasselbe gilt bei Befriedigung des Gesamtgläubigers durch Zwangsversteigerung eines der mitbelasteten Grundstücke, § 1181 BGB.

Der Grundbuchrichter wird deshalb in allen diesen Fällen zu jeder Verfügung über die Gesamthypothek auf irgendeinem der belasteten Grundstücke außer dem Nachweise der Befriedigung des Gläubigers oder Nichtentstehung der Forderung die Mitwirkung der sämtlichen beteiligten Eigentümer verlangen müssen, da er nur hierdurch die Gewißheit erhält, daß ein Ersatzanspruch nicht vorliegt. Joh. Bd. 24 S. A 255.

Diese Mitwirkung ist auch zur Löschung bei Befriedigung aus einem Grundstücke im Wege der Zwangsvollstreckung erforderlich, jedenfalls ist der Zwangsvollstreckungsrichter zum Ersuchen um Löschung auf mitbelasteten, nicht versteigerten Grundstücken nicht befugt. Joh. Bd. 23 S. A 254.

6. **Sicherungshypotheken.** §§ 1184 ff. BGB.

Dieselben gewähren dem Gläubiger nur dann und insoweit ein Recht, als er eine Forderung nachweist, zu welchem Nachweise aber die erfolgte Eintragung nicht benutzt werden darf, § 1184 BGB.

Die Sicherungshypotheken sind nur als Buchhypotheken zulässig, § 1185 BGB., es bedarf daher der Eintragung der Briefausschließung nicht. Da die aus dem früheren Rechte noch herrührenden Kautionshypotheken nach Art. 192 EG. z. BGB. Sicherungshypotheken geworden sind, haben die über dieselben etwa gebildeten Hypothekenbriefe ihre Bedeutung verloren, brauchen mithin bei einer Verfügung nicht vorgelegt zu werden, sind aber, wenn ihre Vorlegung erfolgt, zu vernichten.

Es werden freiwillige und notwendige Sicherungshypotheken unterschieden. Die ersteren sind solche, die auch als gewöhnliche Hypotheken möglich wären, deren Eintragung aber als Sicherungshypotheken verlangt wird, z. B. für das Eingebrachte der Frau, Erbteil der Kinder. Dieselben müssen im Grundbuche als Sicherungshypotheken bezeichnet werden, § 1184 Abs. 2 BGB., anderenfalls ist das Grundbuch unrichtig, so daß gemäß § 54 Abs. 1 GBO. ein Widerspruch eingetragen werden muß, z. B.:

Nebenbezeichnete Hypothek ist Sicherungshypothek. Im Wege des Widerspruchs eingetragen am ...

Die notwendigen Sicherungshypotheken sind diejenigen Sicherstellungen, die nach dem Gesetze nur als Sicherungshypotheken zugelassen sind und als solche zu gelten haben, auch wenn die Bezeichnung fehlt.

Hierher gehören insbesondere:

a) die Zwangsvollstreckungshypotheken.

Als Grundlage dieser sind alle Vollstreckungstitel geeignet, auch die Vollstreckungsbefehle, da die Ausnahme des § 866 Abs. 3 Satz 1 ZPO. nach Nr. 53 der Zivilprozeßnovelle vom 1. Juni 1909 fallen gelassen ist. Die Titel müssen mit der Vollstreckungsklausel versehen und dem Schuldner zugestellt sein, die Zustellung auch dem Grundbuchrichter nachgewiesen werden, § 750 ZPO. Die vor der Zustellung erfolgte Eintragung der Zwangsversicherungshypothek ist unwirksam, jedoch kann der Mangel durch nachträgliche Zustellung geheilt werden, aber nicht denjenigen Personen gegenüber, die inzwischen Rechte erworben haben. Joh. Bd. 34 S. 323.

Ist die Vollstreckung von einer Sicherheitsleistung abhängig gemacht, so muß auch diese durch öffentliche Urkunde dargetan werden. § 751 Abs. 2 ZPO. Der Schuldtitel muß auf Leistung einer Geldsumme gerichtet sein. Joh. Bd. 21 S. A 96, deren Betrag 300 Mk. zu übersteigen hat, § 866 Abs. 3 ZPO. Betrifft derselbe Schuldtitel mehrere Ansprüche desselben Gläubigers, so ist die Eintragung zulässig, wenn nur die Summe der einzelnen Forderungen 300 Mark übersteigt. Joh. Bd. 20 S. A 111, Bd. 21 S. A 121, dagegen ist eine Zusammenrechnung der sich aus mehreren Schuldtiteln ergebenden Forderungen desselben Gläubigers nicht statthaft, Joh. Bd. 20 S. D 35, ebensowenig ein Zusammenrechnen der Hauptforderung und Nebenleistung namentlich der Kosten. — Die Kosten und Gebühren können zwar, wenn die Hauptforderung die Mindestsumme erreicht, **mit** dieser in jeder Höhe zur Eintragung gebracht werden, für sich selbst jedoch nur, falls sie 300 Mark übersteigen. Bd. 20 S. A. 113, Bd. 30 S. A 300. Sie müssen, wenn sie bei der Eintragung berücksichtigt werden sollen, gerichtlich festgesetzt sein; soweit sie jedoch nach der Festsetzung z. B. durch die Zwangsvollstreckung in das bewegliche Vermögen entstanden sind, bedarf es einer nochmaligen Festsetzung nicht, der Grundbuchrichter hat dieselben vielmehr einer eigenen Prüfung zu unterziehen und, falls sie nach den Gesetzen, z. B. den Gebührenordnungen, begründet sind, einzutragen. Joh. Bd. 30 S. A 246; § 788 Abs. 1 ZPO. Dagegen dürfen Gebühren für die Stellung des Eintragungsantrages seitens des Prozeßvertreters, sowie die Kosten der Eintragung selbst nicht mit im Grundbuche aufgenommen werden, weil das belastete Grundstück für diese ebenso wie für die Kosten der Kündigung, Klage und Beitreibung gemäß § 1118 BGB., § 867 Abs. 1 ZPO. ohne weiteres haftet, Joh. Bd. 23 S. D 24, ein Bedürfnis für ihre Eintragung somit nicht vorliegt und überflüssige Vermerke aus dem Grundbuche fernzuhalten sind. Joh. Bd. 28 S. A 145. Etwaige andere künftige Kosten, z. B. für eine nötig werdende Taxaufnahme können, selbst wenn sie im Schuldtitel mit zugesprochen wären, wegen ihrer Unbestimmtheit nicht mit eingetragen, sondern höchstens als eine besondere Sicherungshypothek aufgenommen werden.

Soll eine Zwangssicherungshypothek auf mehreren **selbständigen** Grundstücken eingetragen werden, so muß, auch wenn dieselben auf einem gemeinschaftlichen Blatte verzeichnet sind, eine Verteilung der Forderung durch den Gläubiger vorgenommen und bestimmt angegeben werden, mit welchem Teilbetrage jedes einzelne Grundstück belastet werden soll. § 867 Abs. 2 ZPO.; Joh. Bd. 21 S. A 327. Die Eintragung einer Gesamthypothek ist nichtig.

Auf demselben Blatte würde der Vermerk lauten können: 500 Mark Sicherungshypothek, von welcher verteilt sind: auf Grundstück lfde. Nr. 1 300 Mark, auf die Grundstücke lfde. Nr. 2 und 3 je 100 Mark für den pp.

bei Grundstücken auf verschiedenen Blättern:
300 Mark Teilbetrag der verteilten Sicherungshypothek von 500 Mark nebst 5% Zinsen vom 1. April 1909 ab aus dem vollstreckbaren Urteile

des Landgerichts Halle a. S. vom 11. Mai 1909 für den pp. . . . . . .
mit dem Bemerken, daß für die weiteren 200 Mark die Grundstücke
Band . . . Blatt . . . haften, eingetragen am . . .

Die im Grundbuche erfolgte Eintragung der Zwangshypothek ist stets auf dem Vollstreckungstitel zu vermerken, § 867 Abs. 1 ZPO.

Die Eintragung einer Sicherungshypothek kann nach §§ 935, 940 ZPO. auch durch einstweilige Verfügung angeordnet werden und gelten dann dieselben Grundsätze, insbesondere hinsichtlich des Mindestbetrages und der Verteilung.

Bei den ebenfalls durch einstweilige Verfügung anzuordnenden Sicherungshypotheken wegen Bauforderungen im Sinne des § 648 BGB. ist dagegen für die Eintragung der Mindestbetrag der Forderung von über 300 Mark nicht notwendig, da die Vorschrift des § 866 Abs. 3 ZPO. sich nur auf die Beitreibung einer Geldforderung beschränkt, nicht dagegen auf die Herbeiführung einer Individualleistung, als welche sich die Sicherstellung der Bauforderung darstellt. Joh. Bd. 21 S. A 96. — Endlich kann die Sicherungshypothek auch zur Vollziehung eines Arrestbefehles hereingetragen werden, § 932 ZPO. jedoch nur als Höchstbetragshypothek, als deren Höchstsumme derjenige Betrag anzugeben ist, durch dessen Hinterlegung die Vollziehung des Arrestes gehemmt wird. Die vorherige Zustellung des Arrestbefehls ist nicht erforderlich, jedoch verliert die erfolgte Eintragung ihre Wirkung, wenn dieselbe nicht binnen einer Woche seit der Eintragung und einen Monat seit der Verkündigung oder Ausreichung des Arrestbefehls an den Gläubiger nachgeholt wird, § 929 Abs. 3 ZPO. Sonst gilt nach § 932 Abs. 2 ZPO. für die Arresthypothek dasselbe, wie für die Sicherungshypothek auf Grund eines Vollstreckungstitels.

Der Antrag auf Eintragung der Zwangssicherungshypothek bedarf keiner besonderen Form, kann somit auch auf Grund einer privatschriftlichen Vollmacht, insbesondere der Prozeßvollmacht gestellt werden. Bei den einstweiligen Verfügungen kann die Eintragung auch vom Prozeßgericht direkt verlangt werden.

b) Hypotheken für Schuldverschreibungen auf den Inhaber oder durch Indossament übertragbaren Papiere.

Dieselben sind Sicherungshypotheken, § 1187 BGB., auch wenn sie nicht als solche bezeichnet sind. Zu ihrer ersten Eintragung ist die Urkunde, insbesondere auch der Wechsel vorzulegen und die Eintragung auf derselben zu vermerken, § 44 GBO. Auch bei einer späteren Verfügung, z. B. Umschreibung oder Löschung, ist Vorlegung erforderlich, desgleichen Legitimationsführung, für welche bei dem Inhaberpapiere der Besitz ausreicht, während bei den indossablen Papieren das Indossament bis auf den Verfügenden führen muß.

Wird eine Sicherungshypothek für **Teilschuldverschreibungen** auf den Inhaber bestellt, so ist, § 51 GBO., die Vorlegung der Teilschuldverschreibungen nicht notwendig, jedoch muß im Grundbuche die Gesamtsumme, die Zahl der Teilschuldverschreibungen ihre Bezeichnung nach Serien und Nummern, sowie die Beträge, über welche sie lauten, aufgenommen werden.

Z. B. Einhunderttausend Mark Sicherungshypothek für 150 Stück vierprozentige Schuldverschreibungen auf den Inhaber, nämlich 50 Stück Serie I Lit. A Nr. 1—50 über je tausend Mark und 100 Stück Lit. B Nr. 51—150 über je 500 Mark, welche von dem Bankhause A. Loewe zu Berlin ausgegeben sind. Der Bankier Albert Loewe zu Berlin ist zum Vertreter der jeweiligen Gläubiger bestellt. Unter Bezugnahme auf die Bewilligung von . . . eingetragen am . . .

Der § 51 GBO. spricht allerdings nur von Teilschuldverschreibungen auf den Inhaber, wird aber auch auf indossable Teilschuldverschreibungen Anwendung zu finden haben. Joh. Bd. 22 S. D 28. In sämtlichen Fällen kann nach § 1189 BGB. ein Vertreter der jeweiligen Gläubiger bestellt werden, welcher dann aber im Grundbuche einzutragen ist. Derselbe ist ohne Vorlegung der Urkunden zur Verfügung berechtigt.

Zu beachten ist, daß bei Inhaberpapieren die Eintragung der Sicherungshypothek stets von dem Nachweise der ministeriellen Genehmigung der Ausgabe abhängig gemacht werden muß, § 795 BGB.

c) Höchstbetrags-Hypothek. § 1190 BGB.

Bei dieser wird durch die eingetragene Summe die Grenze angegeben, bis zu welcher das Grundstück für die bereits vorhandene oder künftig entstehende Forderung **einschließlich der Zinsen** haften soll. Soweit diese Hypothek, was von Hause aus unbekannt, durch die Forderung des Gläubigers nicht erschöpft ist, steht dem Eigentümer jederzeit die Eigentümergrundschuld zu, er kann jedoch über dieselbe erst dann verfügen, wenn durch öffentliche Erklärung des Gläubigers oder durch rechtskräftige Verurteilung der Nachweis erbracht ist, daß bzw. inwieweit sie nicht absorbiert ist. Dieser Nachweis ist auch zur Eintragung einer Pfändung auf Grund eines Pfändungs- und Überweisungsbeschlusses absolut notwendig. Joh. Bd. 28 S. A 269. Bd. 29 S. A 186. Bd. 30 S. A 243.

7. **Grundschuld** §§ 1191 ff. BGB.

Für die Grundschuld gelten überall dieselben Grundsätze wie bei der Hypothek, soweit nicht von selbst durch das Fehlen der persönlichen Forderung eine Änderung einzutreten hat. Die bei der Hypothek vorgeschriebene Angabe des Schuldgrundes ist sowohl in der Eintragungsurkunde als in dem Eintragungsvermerke unzulässig, statt dessen stets die Bezeichnung

Grundschuld anzugeben: 5000 Mark Grundschuld, verzinslich usw. Dem Grundschuldbriefe ist daher auch niemals eine Schuldurkunde anzuheften, während er sonst vollständig wie der Hypothekenbrief zu behandeln ist. Zum Unterschiede von der Hypothek kann, § 1196 BGB., der Grundstückseigentümer von Hause aus eine Grundschuld für sich selbst eintragen lassen, auch sind Inhabergrundschulden zulässig, § 1195 BGB., ihre Eintragung muß aber ebenfalls, wie die der Schuldverschreibungen auf den Inhaber, von der in § 795 BGB. vorgeschriebenen ministeriellen Genehmigung abhängig gemacht werden. Joh. Bd. 20 S. A 105.

8. **Rentengrundschuld** §§ 1199ff.

Bei der Rentengrundschuld muß die Verpflichtung auf in regelmäßig wiederkehrenden Terminen zu leistende Geldbeträge gerichtet sein und im voraus die Geldsumme, durch deren Zahlung der Eigentümer die Ablösung bewirken kann, angegeben und im Grundbuche eingetragen werden.

Daß es sich um eine Rentengrundschuld und nicht um eine in Abt. II einzutragende Reallast handelt, muß aus der Eintragungsurkunde unzweideutig hervorgehen.

9. **Vormerkungen und Widersprüche**.

Außer den endgültigen Eintragungen ist in Abt. III Sp. 1—5 auch die Aufnahme von Vermerken und Widersprüchen zulässig. Die ersteren dienen, §§ 883ff. BGB., zur Sicherung eines bisher nur persönlichen Anspruches auf künftige Eintragung, Änderung oder Löschung einer Hypothek, Grundschuld oder Rentenschuld, während die letzteren die Erhaltung eines bereits vorhandenen bzw. vorhanden gewesenen (unrichtig gelöschten) dinglichen Rechts bezwecken.

Durch die Eintragung wird die Verfügungsbefugnis des Eigentümers nicht beseitigt, sie hat nur für den durch Vormerkung und Widerspruch Berechtigten keine nachteilige Wirkung.

Vormerkung und Widerspruch werden, abgesehen von den Fällen, in denen ihre Eintragung von Amts wegen zu erfolgen hat, z. B. bei Zwischenverfügungen, § 18 Abs. 2, und bei unrichtigen Eintragungen, § 54 GBO., eingetragen auf Grund einseitiger Bewilligungen des Passivbeteiligten, insbesondere aber aus einstweiligen Verfügungen, §§ 885 bzw. 899 BGB., sowie aus noch nicht rechtskräftigen, sondern nur für vorläufig vollstreckbar erklärten, auf Abgabe einer Willenserklärung gerichteten Urteilen. § 895 ZPO.

Ihre Eintragung hat, § 14 AV., in Spalte 1—4 zu erfolgen, wenn sie die Neueintragung einer Hypothek, Grundschuld oder Rentenschuld bezwecken, dagegen in Sp. 5—7, wenn sie auf Änderung oder Löschung bei einem bereits eingetragenen Rechte gerichtet sind. Sie sind nur auf der linken Hälfte der Sp. 4 bzw. 7 einzurücken, wenn die Möglichkeit einer künftigen endgültigen Eintragung vorliegt.

Soweit die Eintragung einer Vormerkung auf Grund eines Zwangsvollstreckungstitels erfolgt, muß der Betrag gemäß § 866 Abs. 3 ZPO. 300 Mark übersteigen.

Hervorzuheben ist noch die nach § 1179 BGB. zugelassene Eintragung einer Vormerkung zur Sicherung des Anspruchs auf Löschung der künftig zur Eigentümergrundschuld werdenden Hypothek zugunsten eines nachstehenden Berechtigten. Dieser Vermerk ist in Sp. 5—7 aufzunehmen und auf dem Hypothekenbriefe zu vermerken, derselbe deshalb vorzulegen, die Eintragung von der Vorlegung abhängig zu machen.

## B. Eintragungsvermerke.

Für den Vermerk in Sp. 4 schreibt der § 1115 BGB. vor, daß in demselben stets aufzunehmen ist: der Gläubiger, der Geldbetrag der Forderung, der Zinssatz bei verzinslichen Forderungen und der Geldbetrag der etwaigen Nebenleistungen. Alle übrigen Vereinbarungen können durch die Bezugnahme auf die Eintragungsbewilligungen ersetzt werden.

1. **Gläubiger kann eine natürliche oder juristische Person sein.** Es gilt hier dasselbe, wie beim Grundstückseigentümer und wird deshalb auf § 31 Nr. I 1 Bezug genommen. Bemerkt wird noch, daß der Grundbuchrichter den Nachweis über das Vorhandensein und die Rechtsfähigkeit des in der Eintragungsbewilligung benannten Berechtigten grundsätzlich nicht verlangen, sondern den Antrag nur ablehnen soll, wenn ihm die Rechtsunfähigkeit der bezeichneten Persönlichkeit bekannt oder nach Lage der Sache zweifelhaft ist. Joh. Bd. 24 S. A 83. — Mehrere Hypotheken können für mehrere Gläubiger unter einer Nummer eingetragen werden,

z. B. 3000 Mk. als elterliche Erbgelder überwiesenes Restkaufgeld und zwar je 1000 Mk. für Albert, Ida und Gustav, Geschwister Berger zu Halle, verzinslich usw. —

Voraussetzung ist jedoch, daß die Forderungen aus demselben Rechtsgeschäfte herrühren. Auf verschiedenen Rechtsgründen beruhende Forderungen können dagegen als einheitliche Hypothek nicht eingetragen werden, selbst wenn ihre Eintragung in ein und derselben Urkunde bewilligt ist. Z. B. wenn Eheleute jeder für sich und nicht beide gemeinschaftlich einem Dritten ein Darlehn gewährt haben. Joh. Bd. 20 S. A 101.

2. **Geldbetrag der Forderung.**

Der Geldbetrag muß in der zur Zeit der Eintragung geltenden Reichswährung angegeben werden, § 28 GBO. Die sogenannte Goldklausel d. h. die Vereinbarung, daß die Rückzahlung in Goldmünzen zu leisten, ist eintragungsfähig, wenn diese Verpflichtung nur dahin geht, daß Rückzahlung der in Mark angegebenen Summe in der zur Zeit der Zahlung geltenden Goldmünzen — nicht etwa in Papier- oder Silbergeld — zu bewirken ist. Dagegen ist die Vereinbarung in dem Sinne, daß Auszahlung nur in den zur Zeit der Eintragung geltenden Goldmünzen und, wenn solche nicht mehr gelten, in der Höhe des Wertes derselben zur Zeit der Rückzahlung — also gegebenenfalls mit einem Aufschlage — zu leisten ist, nicht einzutragen. Eine derartige Verpflichtung, die bei der einfachen Vereinbarung der Rückzahlung in Gold aber nicht vermutet wird, könnte höchstens durch Sicherungshypothek gewährleistet werden. Joh. Bd. 25 S. A 156. Die Eintragung der Goldklausel kann im Grundbuche ausführlich aufgenommen, jedoch auch, da sie nur eine Zahlungsbedingung dastellt, durch Bezugnahme ersetzt werden.

3. **Zinssatz.**

Es ist sowohl die Höhe der vorbedungenen als der vermehrten Verzugszinsen im Vermerke ausdrücklich anzugeben, jedoch bedarf es der Aufnahme der Voraussetzungen für den Eintritt der erhöhten Verzinsung nicht, es genügt die Angabe des Mindest- und Höchstzinssatzes z. B. verzinslich zu vier, gegebenenfalls zu fünf vom Hundert, Joh. Bd. 27 S. A 122. Der Zinsbeginn muß zwar in der **Schuldurkunde** angegeben werden, seine Aufnahme im **Vermerke** ist aber nicht erforderlich, die Bezugnahme reicht auch hierfür aus. Joh. Bd. 24 S. A 127. Erfolgt im Eintragungsvermerke eine ausdrückliche Bezugnahme nicht, so muß der Zinsbeginn angegeben werden, s. Abtretung.

Die **Unverzinslichkeit** der Forderung braucht nicht eingetragen zu werden.

Ist eine Forderung von Hause aus als unverzinslich oder mit weniger als 5% Zinsen eingetragen, so können nachträglich Zinsen bis 5% ausbedungen und ohne Zuziehung der nacheingetragenen Berechtigten mit dem Range des Kapitals eingetragen werden, § 1119 BGB. Die Eintragung erfolgt in Sp. 5—7.

Wird nachträglich die Eintragung eines höheren Zinssatzes als 5% ohne ausdrückliche Zustimmung der eingetragenen Nachberechtigten gefordert, so kann der Antrag zwar nicht abgelehnt werden, es ist dann aber im Vermerke anzugeben, daß die den Betrag von 5% übersteigenden Zinsen den Rang hinter den ausdrücklich hervorzuhebenden Nachberechtigungen haben. Joh. Bd. 26 S. A 142.

Z. B. Nebenstehende 3000 Mark werden vom 1. Januar 1909 ab mit sechs vom Hundert verzinst, das sechste Prozent hat jedoch den Rang hinter den Abt. II Nr. 3 eingetragenen Berechtigungen. Eingetragen am ...

Zinseszinsen dürfen, auch wenn ihre Vereinbarung nach § 248 Abs. 2 BGB. zulässig ist, im Grundbuche nicht eingetragen, sondern können nur durch eine Höchstbetragshypothek gesichert werden. Nur bei den Pfandbriefsdarlehnen derjenigen Kreditanstalten, z. B. Landschaft der Provinz Sachsen, Kur- und Neumärkische Ritterschaft, deren Statuten durch die zuständigen Behörden öffentlich bekannt gemacht sind, ist die Eintragung der Zinseszinsen zulässig, sogar nur durch die Bezugnahme auf die bekanntgemachten Satzungen. § 1115 Abs. 2 BGB. Joh. Bd. 20 S. A 199.

Die Verpflichtung zur Zahlung von Zinseszinsen muß aber aus den Satzungen selbst hervorgehen, nicht etwa auf Grund derselben erst vereinbart werden. Joh. Bd. 22 S. A 167.

4. **Nebenleistungen.** Hierher gehören insbesondere die Beiträge zu den Verwaltungskosten der Kreditanstalten sowie die Strafbeträge bei vorzeitiger Rückzahlung des Kapitals. Dieselben müssen ausdrücklich eingetragen werden, sind aber auf der anderen Seite nur dann eintragungsfähig, wenn sie von Hause aus ihrem Umfange nach bekannt oder ohne weiteres zu berechnen sind. Letzteres ist der Fall, wenn sie in einem bestimmten Prozentsatze des Kapitals angegeben sind, z. B. $\frac{1}{2}$% Beiträge zu den Verwaltungskosten, oder 1% Entschädigung bei vorzeitiger Rückzahlung des Darlehns. Joh. Bd. 20 S. A 204. Steht der Umfang der Nebenleistungen von vornherein nicht fest, so kann ihre Sicherung nur durch eine neben der Hypothek einzutragende besondere Höchstbetragshypothek erfolgen. Joh. Bd. 20 S. 199. Z. B. besondere Kosten Joh. Bd. 20 S. A 204.

Amortisationszahlungen sind keine Nebenleistungen, sondern teilweise Rückzahlungen, sie bedürfen deshalb nicht der ausdrücklichen Aufnahme in das Grundbuch, ihre Eintragung kann durch die Bezugnahme mit ersetzt werden. Joh. Bd. 24 S. A 246.

5. **Weiter muß die Unterwerfung unter die sofortige Zwangsvollstreckung,** wenn dieselbe dinglich, d. h. auch gegen den Rechtsnachfolger wirksam sein soll, nach §§ 800 und 794 Nr. 5 ZPO. im Grundbuche ausdrücklich aufgenommen werden. Es geschieht dieses am besten dem Wortlaute des Gesetzes entsprechend; der Eigentümer hat sich der sofortigen Zwangsvollstreckung in der Weise unterworfen, daß dieselbe gegen den jeweiligen Eigentümer zulässig ist, — jedoch wird auch die Fassung: der Eigentümer hat sich und seine Rechtsnachfolger der sofortigen Zwangsvollstreckung unterworfen — keinem Bedenken unterliegen.

Die nähere Bezeichnung des Inhalts der Zwangsvollstreckungsklausel, z. B. der Voraussetzung für dieselbe, kann dagegen durch Bezugnahme ersetzt werden. Joh. Bd. 23 S. A 232, Bd. 28 S. A 262.

6. **Alle sonstigen Vereinbarungen,** insbesondere Zeit und Ort der Zins- und Rückzahlung, können durch die Bezugnahme auf die Eintragungsbewilligung ersetzt werden. Ob und inwieweit von der Bezugnahme Gebrauch gemacht werden soll, hängt lediglich von dem Ermessen des Grundbuchrichters ab, jedenfalls ist er an den Antrag der Beteiligten nicht gebunden. Joh. Bd. 27 S. A 122. Macht er davon Gebrauch, so soll er sich nach Joh. Bd. 21 S. A 142 des in § 874 BGB. und in der Probeeintragung benutzten Ausdrucks — unter Bezugnahme auf die Ein-

tragungsbewilligung — bedienen, es kann jedoch eine andere gleichbedeutende Wendung nicht für unwirksam angesehen werden. Da durch die Bezugnahme auf die Eintragungsbewilligung sämtliche in derselben enthaltenen Abreden zum Gegenstande des Grundbuchinhalts gemacht werden, so muß vor Aufnahme der Bezugnahme eine strenge Prüfung dahin stattfinden, ob die sämtlichen Teile der Bewilligungsurkunde eintragungsfähig sind. Ist dieses nicht der Fall, so muß entweder von einer Bezugnahme abgesehen, die ausführliche Aufnahme der eintragungsfähigen Vereinbarungen im Grundbuche bewirkt, und Zurückweisung der nicht zulässigen Teile ausgesprochen werden, oder es ist durch Zwischenverfügung eine Ergänzung der Urkunde — Zurücknahme der nicht eintragungsfähigen Teile — zu verlangen oder der Antrag von Hause aus zurückzuweisen, weil dem Verlangen in seinem ganzen Umfange nicht entsprochen werden kann.

Sind die einzutragenden Bedingungen in der Schuldurkunde unter besonderen Nummern aufgeführt, so daß sich im Vermerke angeben läßt, inwieweit die Eintragung erfolgen, bzw. ausgeschlossen sein soll, so wird die Bezugnahme unter Anführung der eintragungsfähigen Nummern für zulässig erachtet werden können.

Z. B. wenn unter Nr. 1 die Zins-, unter Nr. 2 die Rückzahlungsbedingungen und unter Nr. 3 eine nach § 1136 nicht eintragungsfähige Beschränkung des Eigentümers zur Veräußerung oder weitere Belastung in der Urkunde enthalten sind, dürfte der Vermerk dahin: unter Bezugnahme auf Nr. 1 und 2 der Eintragungsbewilligung vom ... — zulässig sein. Selbstverständlich müßte Nr. 3 unter Angabe von Gründen ausdrücklich zurückgewiesen werden. —

Die Vermerke in Sp. 4 werden mithin der Regel nach lauten können.

Dreitausend Mark Darlehn, verzinslich mit vier, gegebenenfalls mit fünf vom Hundert, für den Kaufmann Moritz Brand zu Halle a. S., unter Bezugnahme auf die Bewilligung vom 7., eingetragen am 14. November 1909.

Dabei wird noch bemerkt, daß die Geldbeträge und der Zinssatz in der Hauptspalte 4 mit Buchstaben anzubringen sind, was für die Sp. 7 und 11 nur dann vorgeschrieben ist, wenn die Veränderung oder Löschung einen Teilbetrag betrifft, § 16 Abs. 2 AV.

II. Sp. 5—7. Von den nach § 12 Abs. 2 AV. hier aufzunehmenden Vermerken sind besonders hervorzuheben:

1. **Die Umschreibung der Rechte zufolge Abtretung.** Der Übergang ist verschieden, je nachdem es sich um eine Buch- oder Briefhypothek usw. handelt.

a) Die Übertragung der **Buchhypothek** folgt, § 1154 Abs. 3 BGB., den allgemeinen Regeln, vollzieht sich mithin durch Einigung **und** Eintragung, § 873 BGB., doch reicht an Stelle der förmlichen Einigung die Bewilligung, § 19, und der Antrag, § 13, in der Form des § 29 GBO. aus. Werden mehrere, nacheinander erfolgte Umschreibungsbewilligungen und Anträge gleichzeitig vorgelegt, so wird aus jeder einzelnen die Eintragung bewirkt werden müssen, weil hierdurch erst der Übergang der Hypothek auf den nächsten Gläubiger und infolgedessen die Wirksamkeit der von ihm abgegebenen Erklärung gemäß § 185 Abs. 2 BGB. herbeigeführt wird.

b) Bei der **Briefhypothek** kann die Übertragung, § 1154 Abs. 2 BGB., zwar in derselben Weise bewirkt werden, indessen genügt nach Abs. 1 daselbst bzw. § 26 GBO. zum Übergange bereits die schriftliche Abtretung **und** Übergabe des Hypothekenbriefes. Die Abtretung muß jedoch die Form des § 29 GBO. haben, wenn auf Grund derselben die Eintragung vorgenommen werden soll. Mit Rücksicht auf diesen erleichterten Übergang bedarf es, § 1155 BGB. § 40 Abs. 2 GBO., bei mehreren aufeinander folgenden Abtretungen der Eintragung der Zwischeninhaber nicht, vielmehr kann der letzte Gläubiger seine Eintragung verlangen, sowie die Löschung bewilligen, wenn er sich im Besitze des Hypothekenbriefes befindet und die von dem eingetragenen Gläubiger bis auf ihn gehenden Abtretungen in gehöriger Form vorlegt. Ist jedoch einer der beteiligten Gläubiger Erbe seines Vormannes und hat als solcher auf Grund des § 41 GBO. ohne eingetragen zu sein, abgetreten, so soll der § 40 Abs. 2 keine Anwendung finden dürfen, weil eine Kombination der Ausnahme-Vorschriften des § 40 Abs. 2 und § 41 unzulässig ist. Joh. Bd. 20 S. 300.

c) Daß bei der Abtretung der Briefhypothek die Übergabe des Briefes stattgefunden hat, muß dem Grundbuchrichter dargetan werden oder sich aus den Umständen ergeben. Der Nachweis gilt u. a. als erbracht, wenn in der Abtretung die Übergabe ausdrücklich erklärt oder die Ermächtigung zur Ausreichung an den Zessionar, § 1117 Abs. 2 BGB., ausgesprochen ist, oder wenn der Zessionar selbst oder in seinem Auftrage ein Notar den Brief vorlegt. Hat der Notar bei Einreichung der Abtretung und des Briefes eine Erklärung, in wessen Auftrage er tätig ist, nicht abgegeben, so ist anzunehmen, daß die Einreichung im Auftrage beider Beteiligten bewirkt wird, die Eintragung darf mithin erfolgen.

d) In der Abtretungserklärung muß der Zeitpunkt des Überganges der Zinsen angegeben, dieses auch im Grundbuche aufgenommen werden, wenn nicht eine Bezugnahme auf die Abtretungsurkunde erfolgt. Joh. Bd. 29 S. A 179.

e) Die Abtretung kann sich auf einen Teil der Hypothek, Grundschuld und Rentenschuld beschränken, bei welcher der Gläubiger ohne Mitwirkung des Eigentümers auch selbständig die Rangordnung der Teile bewirken darf, § 1151 BGB. Über die abgetretene Teilforderung kann bei Briefhypotheken ein Teilhypothekenbrief gebildet werden, § 1152 BGB., und zwar nach § 61 Abs. 1 GBO. nicht nur — wie bei dem Hypothekenbriefe — vom Grundbuchamte, sondern auch vom Notar oder dem Richter der freiwilligen Gerichtsbarkeit. Über die Bildung s. § 61 Abs. 2 GBO., § 39 Abs. 1, 2 und Anl. C AV. Derselbe besteht, § 61 Abs. 2 GBO., aus einer beglaubigten Abschrift des Stammbriefes mit allen auf demselben befindlichen Vermerken, hat die Benennung Teilhypothekenbrief und die Bezeichnung des Teilbetrages, über welchen er gelten soll, zu enthalten, ist außerdem mit einer beglaubigten Abschrift der Schuldurkunde zu verbinden. Auf beiden Briefen muß der Vermerk der Eintragung der Teilabtretung, auf dem Stammbriefe außerdem die Angabe des Betrages, über welchen derselbe künftig nur noch gilt, angebracht werden. Zur Anbringung dieser Vermerke ist nur das Grundbuchamt befugt. Zu diesem Zwecke müssen beide Briefe zur Eintragung vorgelegt werden. Joh. Bd. 30 S. A 236. Die Bildung des Teilbriefes ist im Grundbuche **nicht** einzutragen. Ein Teilbrief braucht aber nicht gebildet zu werden, wird vielmehr nur auf besonderen Antrag gefertigt, die Eintragung kann deshalb von der Bildung eines solchen nicht abhängig gemacht werden. Joh. Bd. 21 S. A 330. Wird ein Teilbrief nicht verlangt, so ist die Teilabtretung auf dem bisherigen Briefe zu vermerken, dieser gilt fortan für beide Teilforderungen. Zur Eintragung der Teilabtretung muß aber stets Mitbesitz ersichtlich gemacht werden, weil nach § 1154 BGB. der Übergang der Forderung von der Übergabe des Briefes abhängig ist. — Bei Teilung einer Buchhypothek, Grundschuld oder Rentenschuld kann für den abgetretenen Teilbetrag die Ausschließung des Briefes aufgehoben werden. In diesem Falle wird nicht ein Teilbrief, sondern ein gewöhnlicher Brief gebildet, mit der Schuldurkunde oder einer beglaubigten Abschrift verbunden und mit dem Teilabtretungsvermerke versehen. Ist der abgetretene Teil Eigentümergrundschuld geworden, so gilt dasselbe, bei Briefhypotheken kann also der Brief zum Teil Hypothekenbrief, zum Teil Grundschuldbrief sein.

Der zur Eigentümergrundschuld gewordene Teil einer Hypothek hat nach § 1176 BGB. stets den Rang hinter der bestehen bleibenden Teilhypothek, was bei der Eintragung einer Verfügung über denselben im Grundbuche einzutragen ist.

f) Die Abtretungserklärung kann auch durch ein Zeugnis des Nachlaßgerichts dahin, daß bei der Auseinandersetzung den einzelnen anzugebenden Miterben, die bestimmt zu bezeichnenden Forderungen des Gläubigers überwiesen sind, ersetzt werden, § 37 GBO. Das Überweisungszeugnis ersetzt dann nicht nur die Eintragungsbewilligung, sondern auch den Nachweis der Erbfolge, so daß es der Vorlegung des Erbscheins oder der letztwilligen Verfügung nicht bedarf. Die weiteren Erfordernisse der Umschreibung, insbesondere der Besitz des Briefes, bleiben bestehen.

2. **Belastungen der Hypothek mit Nießbrauch, Pfandrecht oder Verfügungsbeschränkungen.**

a) Hypotheken, Grundschulden und Rentenschulden können nur mit Nießbrauch oder Pfandrecht belastet werden. Die Belastung erfolgt nach den für die Übertragung geltenden Vorschriften, §§ 1069, 1080 bzw. 1274 BGB., sie setzt mithin außer dem formlosen Antrag bei Buchhypotheken usw. Einigung bzw. Bewilligung, § 19 GBO., oder rechtskräftige Verurteilung des Passivbeteiligten **und** Eintragung, bei Briefhypotheken Abtretung **und** Briefübergabe voraus. Die Bewilligung bzw. Abtretung kann auch durch Pfändungsbeschluß ersetzt werden, § 828 ff. ZPO. Die Eintragung der Pfändung erfolgt auf Grund dieses Pfändungsbeschlusses ohne Nachweis der Zustellung, § 830 Abs. 1 letzter Satz und Abs. 2 ZPO.

Bei der Briefhypothek usw. muß in allen Fällen die Übergabe des Briefes dargetan werden, dieselbe gilt jedoch als erfolgt, wenn der Gerichtsvollzieher im Wege der Zwangsvollstreckung die Wegnahme tatsächlich bewirkt hat. Die Eintragung kann aber z. B. nicht erfolgen, wenn sich der Brief aus einem andern Anlasse etwa bei den Grundakten befindet.

Wird bei der Pfändung die Forderung an Zahlungs Statt zum Nennwerte überwiesen, so geht dieselbe vollständig auf den Pfändungsgläubiger über, so daß er sich im Grundbuche als Eigentümer derselben eintragen lassen, über dieselbe beliebig verfügen kann, § 835 Abs. 2 ZPO. Joh. Bd. 28 S. A 133.

Erfolgt die Überweisung dagegen nur zur Einziehung, so bewirkt die Eintragung keinen vollständigen Übergang der Hypothek auf den Pfandgläubiger, derselbe erhält vielmehr nur ein Pfandrecht, so daß der eingetragene Gläubiger noch weiter über die Hypothek verfügen kann, selbstverständlich ohne Nachteil des Pfandgläubigers, Joh. Bd. 26 S. A 300. Jedoch kann der Pfandgläubiger ohne Mitwirkung des Pfandschuldners, also des eingetragenen Gläubigers, vollgültige Löschungsbewilligung erteilen. Joh. Bd. 23 S. A. 147.

Die Pfändung ist auch bezüglich der Höchstbetragshypothek zulässig, die Eintragung derselben kann aber nur erfolgen, wenn der Nachweis in der Form des § 29 GBO. geführt wird, d. h. daß, wenn der eingetragene Gläubiger Pfandschuldner ist, eine Forderung tatsächlich entstanden, oder, wenn der Eigentümer als Pfandschuldner in Anspruch genommen wird, daß eine solche in der gepfändeten Höhe nicht entstanden, die Höchsthypothek also Eigentümergrundschuld ist. Joh. Bd. 22 S. A 171.

b) Die Eintragung einer Verfügungsbeschränkung oder eines Widerspruchs auf Grund einer einstweiligen Verfügung.

c) Die von Amts wegen einzutragenden Verfügungsbeschränkungen, z. B. Vermerk der Nacherbenfolge § 52 und des Testamentsvollstreckers § 53 GBO. Die Verfügungsbeschränkungen müssen gemäß § 12 Abs. 2 AV. stets in Sp. 7 Aufnahme finden.

3. **Rangänderung.**

a) Die Rangfolge bestimmt sich nach § 879 BGB., soweit Rechte der verschiedenen Abteilungen in Frage kommen, nach dem Datum der Eintragung, soweit es sich um Rechte derselben Abteilung handelt, nach der Reihenfolge der Eintragungen. Für die Eintragung selbst ist aber die Zeitfolge des Einganges maßgebend, da sie gemäß § 17 und 46 GBO. dieser entsprechend abzuverfügen und aufzunehmen ist. Nur wenn mehrere Anträge zu gleicher Zeit oder so kurz nacheinander vorgelegt werden, daß sie an demselben Tage zur Eintragung gelangen, kann eine Hervorhebung des Rangverhältnisses erforderlich werden. Diese Notwendigkeit liegt vor:

α) bei **gleichzeitig** für dieselbe Abteilung eingegangenen mehreren Eintragungsanträgen zur Kenntlichmachung, daß die Rechte ausnahmsweise nicht die durch die lfde. Nr. gegebene Rangfolge, sondern gleichen Rang haben sollen, und

β) bei zu verschiedenen Zeiten eingegangenen Anträgen für Abt. II **und** III, um festzustellen, daß ausnahmsweise die an demselben Tage eingetragenen Rechte nicht den gleichen, sondern einen verschiedenen Rang haben sollen.

In beiden Fällen ist die Abweichung der Rangfolge, aber nicht in den Spalten Veränderungen, sondern in den Eintragungsvermerken selbst, also Sp. 3 der Abt. II bzw. Sp. 4 der Abt. III, und zwar bei jedem Rechte kurz dahin aufzunehmen:

Zu gleichem bzw. mit Vorrang vor Nr. 3, oder mit dem Range hinter Abt. II. Nr. 2 eingetragen am . . .

Dasselbe gilt, wenn bei der der Neueintragung mehrerer Rechte eine abweichende Rangfolge ausdrücklich vereinbart ist.

b) Wenn dagegen eine Abänderung des Rangverhältnisses bei einer oder mehreren bereits eingetragenen Rechten nachträglich eintreten soll, ist dieselbe in Sp. 5—7 aufzunehmen. Voraussetzung ist für die Wirksamkeit der Rangänderung nach § 880 BGB. außer der Eintragung die Einigung des vor- und zurücktretenden Berechtigten, jedoch reicht zur Eintragung schon die Bewilligung des zurücktretenden Berechtigten aus, da dieser allein Rechte aufgibt. Joh. Bd. 21 S. A 306, Bd. 28 S. A 265. Soweit Hypotheken, Grundschulden und Rentenschulden in Frage kommen, muß der Eigentümer der Rangordnung zustimmen, nur wenn der Gläubiger eine Teilung seiner Hypothek z. B. Teilabtretung vornimmt, kann er ohne Mitwirkung eine beliebige Rangordnung der Teile bestimmen, § 1151 BGB. Die Rangordnung muß sowohl bei dem vortretenden, als auch bei dem zurücktretenden Rechte eingetragen, bei Hypotheken usw. auch auf beiden Briefen vermerkt werden. Der Eintragungsvermerk wird in der Regel einheitlich dahin gefaßt: der Hypothek zu 3 ist der Vorrang vor der Nr. 2 eingeräumt. Eingetrag. . . Der Vorrang bleibt nach § 880 Abs. 4 bestehen, wenn das zurücktretende Recht durch Rechtsgeschäft aufgehoben wird, die etwa dazwischen stehenden Rechte in Abt. II oder III rücken mithin nicht vor, der Vermerk über die Rangänderung darf daher auch nicht unterrötet werden.

c) Wird mehreren Rechten gleichzeitig der Vorrang vor einer anderen Hypothek eingeräumt, so sind dieselben gleichberechtigt. Joh. Bd. 20 S. A 181; es ist deshalb bei Hypotheken usw. auf beiden Briefen der gleichzeitige Vortritt der anderen Hypothek mit zu vermerken.

Ebenso muß der Vermerk auf dem Briefe Auskunft darüber erteilen, wenn bereits früher einer anderen Hypothek usw. der Vorrang eingeräumt und dieses im Grundbuche eingetragen ist, weil ohne diese Auskunft jeder später vortretende Gläubiger nach seinem Briefe annehmen könnte, daß seine Hypothek allein und zuerst in die Stelle der Zurücktretenden eingerückt sei.

Der Vermerk auf dem Briefe würde zu lauten haben:

Dieser Hypothek ist der Rang vor der Hypothek Nr. 1 eingeräumt, jedoch haben den gleichen Vorrang Nr. 4 u. 5 . . . . oder:

Diese Hypothek hat den Vorrang vor der Hypothek Nr. 1, jedoch ist bereits vorher der Hypothek Nr. 4 von 5000 Mark der Vorrang eingeräumt.

Dieselbe Hervorhebung des früheren Vortritts eines anderen Rechts muß auch im Falle der Neueintragung einer weiter vortretenden Hypothek, Grundschuld oder Rentenschuld in dem über dieselben zu bildenden Briefe aufgenommen werden, da auch hier der gleiche Grund vorliegt.

d) Rangvorbehalt. Derselbe kann, § 881 BGB., nur vom Eigentümer und nur bei Neueintragung einer Belastung erklärt werden und muß ein erst künftig einzutragendes Recht betreffen, kann deshalb nur in der für Neubelastungen bestimmten Spalte, mithin Sp. 3 der Abt. II bzw. Sp. 4 der Abt. III, zur Eintragung kommen, niemals in Sp. Veränderungen. Der Umfang des künftig mit Vorrang einzutragenden Rechts muß von Hause aus genau bestimmt sein und auch in dieser

Weise eingetragen werden, also einschließlich der Zinsen und etwaigen Nebenleistungen, Joh. Bd. 28 S. A 258.

In Spalte 7 der Abt. III bzw. Sp. 5 der Abt. II ist bei der demnächstigen Eintragung des vortretenden Rechts zu dem mit dem Rangvorbehalte belasteten Rechte zu vermerken, daß das nachträglich eingetragene Recht dasjenige ist, welchem der vorbehaltene Vorrang zusteht.

Z. B. die Hypothek Nr. 3 ist diejenige, welcher der Vorrang vorbehalten war. Eingetr. . . .

4. **Umwandlung der Grundstückpfandrechte.**

a) Über die Umwandlung der Briefhypotheken usw. in Buchhypotheken usw. ist das Nähere bereits in § 33 Nr. 2 I besprochen und wird auf die dort befindlichen Ausführungen Bezug genommen.

b) Umwandlung der Hypotheken in Grund- und Rentenschulden und umgekehrt, § 1198 BGB.

α) Die Umwandlung der Hypothek in eine Grundschuld, die nur auf Grund der materiellen Einigung oder der formellen Bewilligung vorgenommen werden kann, muß im Grundbuche Sp. Veränderungen, § 12 AV., eingetragen werden. Der vorhandene Hypothekenbrief ist in einen Grundschuldbrief lediglich dadurch umzugestalten, daß das Forderungsdokument abgetrennt und auf dem Briefe die Umwandlung und daß er fortan als Grundschuldbrief gilt, vermerkt wird.

Z. B. die aus diesem Briefe hervorgehende Hypothek ist in eine Grundschuld umgewandelt und gilt derselbe fortan als Grundschuldbrief.

Das Forderungsdokument ist, wenn nichts anderes vereinbart ist, dem Eigentümer auszureichen.

β) Ist die Hypothek Eigentümergrundschuld geworden, und wird dieses bei den Grundakten durch Vorlegung der Urkunde über Wegfall der persönlichen Forderung z. B. bei einem Antrage auf Rangänderung oder Pfandentlassung bekannt, so ist die Eintragung der Umwandlung im Grundbuche und Umgestaltung des Briefes von Amts wegen zu bewirken.

γ) Soll eine Grundschuld in eine Hypothek umgewandelt werden, so muß zur Eintragung in der vorgelegten Urkunde außer dem Antrage auf Umwandlung von seiten beider Beteiligten, ein förmliches Schuldbekenntnis enthalten sein. Der Antrag auf Umwandlung allein genügt nicht. Joh. Bd. 25 Bl. A 173.

Der Eintragungsvermerk in Sp. 7 würde lauten: Nebengedachte Grundschuld ist in eine Hypothek für eine Darlehnsforderung in derselben Höhe, verzinslich . . . umgewandelt. Eingetr.

Auf dem Briefe ist dieser Vermerk mit dem Zusatze wie bei α anzubringen, derselbe mit der neu vorgelegten Schuldurkunde zu verbinden und dem Gläubiger auszureichen.

c) Zur Umwandlung der Sicheruugs- insbesondere der Höchstbetragshypothek in eine gewöhnliche Hypothek bedarf es ebenfalls der Vorlegung bzw. Aufnahme eines förmlichen Schuldbekenntnisses, bei der Höchstbetragshypothek sogar des beiderseitigen Anerkenntnisses der entstandenen persönlichen Forderung. Joh. Bd. 25 S. A 173. Zu beachten ist besonders, daß sich bei Höchstbetragshypotheken nach § 1190 BGB. auch die Zinsen innerhalb der als Höchstbetrag angegebenen Summe befinden müssen, und daß deshalb bei Umwandlung in eine Hypothek zum vollen Betrage der Höchstsumme ohne Zuziehung der etwa vorhandenen Nachberechtigten Zinsen an gleicher Stelle mit der Hypothek nicht eingetragen werden können. Vom Tage der Eintragung ab würden allerdings Zinsen bis 5% mit Rücksicht auf § 1119 BGB. aufgenommen werden können, die vereinbarten höheren oder von einem früheren Zeitpunkte ab laufenden Zinsen würden dagegen nur mit dem Range hinter der letzten Eintragung in Abt. II oder III vermerkt werden dürfen. Joh. Bd. 21 S. A 150 u. Bd. 26 S. A 142.

Der in Sp. 7 aufzunehmende Vermerk würde daher, wenn eine Höchstbetragshypothek von 5000 Mark am 1. April 1909 in eine Hypothek von gleicher Höhe mit 6% Zinsen seit 1. Januar 1909 umgeschrieben werden soll, zu lauten haben: die Sicherungshypothek von 5000 Mark Nr. 3 ist umgewandelt in eine gewöhnliche Hypothek für ein mit sechs vom Hundert vom 1. Januar 1909 ab verzinsliches und nach dreimonatlicher Kündigung fälliges Darlehn von gleicher Höhe für den usw. Eingetragen mit dem Bemerken, daß den Zinsen vom 1. Januar bis 1. April 1909 und dem sechsten Prozent auch von da ab der Rang hinter der Abt. II Nr. 3 eingetragenen Berechtigung und der Nr. 4 eingetragenen Hypothek zusteht am ...

Über die umgewandelte Sicherungshypothek ist sodann, wenn der Brief nicht ausgeschlossen ist, ein gewöhnlicher Hypothekenbrief zu bilden, mit der Umwandlungsurkunde zu verbinden und dem Gläubiger auszureichen. Die Bildung des Briefes ist nicht einzutragen.

5. **Änderung der persönlichen Forderungen,** § 1180 BGB. An Stelle der der Hypothek von Anfang an zugrunde liegenden Forderung kann eine andere Forderung gesetzt werden. Dieser Fall kommt in der Praxis hauptsächlich nur in der Weise vor, daß der Grundstückseigentümer eine durch Erlöschen der bisherigen persönlichen Forderung zur Eigentümergrundschuld gewordene Hypothek an einen neuen Gläubiger zur Sicherung einer diesem ihm gegenüber zustehenden Forderung abtritt. Der Eigentümer hat in

diesem Falle den Nachweis des Erwerbes der persönlichen Forderung durch löschungsfähige Quittung, Abtretung, Erbgang oder anderweit zu führen, ein die neue Forderung betreffendes Schuldbekenntnis und die Abtretung der Eigentümergrundschuld an den neuen Gläubiger und den Antrag auf Umschreibung zu erklären oder in öffentlicher Urkunde, gegebenenfalls mit dem Hypothekenbriefe vorzulegen.

Der in Sp. 7 aufzunehmende Vermerk würde lauten können: Die Hypothek zu 4 von 3000 Mark ist, nachdem sie zunächst als Grundschuld auf den Eigentümer übergegangen war, wiederum in eine Hypothek für ein mit vier vom Hundert vom 1. April 1909 ab verzinsliches und nach dreimonatlicher Kündigung zahlbares Darlehn umgewandelt, sodann mit den Zinsen an den N. abgetreten. Eingetragen am . . .

Die mit dem bisherigen Briefe verbundene Schuldurkunde ist abzutrennen und dem Eigentümer auszureichen. Die neue Schuldurkunde ist mit dem Briefe zu verbinden, derselbe mit dem Umschreibungsvermerke zu versehen und nach § 60 GBO., wenn nicht etwas anderes vereinbart ist, dem Eigentümer auszureichen.

6. **Änderung der Zins- und Rückzahlungsbedingungen.**

Zu diesen ebenfalls in Sp. 7 einzutragenden Änderungen bedarf es an sich zwar der Einigung des Eigentümers und Gläubigers, jedoch wird der Grundbuchrichter, wenn zweifellos nur einer von ihnen Rechte aufgibt, auch nur die formgerechte Bewilligung dieses verlangen und auf privatschriftlichen Antrag eines von beiden die Eintragung vornehmen dürfen, z. B. bei Zinserhöhung die Erklärung des Eigentümers, bei Zinsherabsetzung die des Gläubigers bzw. bei Ausschließung der Kündigung auf einer Seite die der betreffenden Person, welche sich des Kündigungsrechtes zeitweise begibt. Soll der verringerte Zinsbetrag gelöscht werden, muß selbstverständlich der Eigentümer nach § 27 GBO. in der Form des § 29 GBO. zustimmen und dieselbe beantragen. Die ausdrückliche Löschung ist bei Zinsermäßigung, insbesondere bei Abtretungen unter Herabsetzung des Zinsfußes nicht erforderlich, es genügt vielmehr die Aufnahme in Sp. 7 in den Abtretungsvermerk, da an der Differenz ein besonderes Recht nicht möglich ist, dieselbe namentlich nicht als Rente bestehen bleibt.

7. **Erneuerung des Briefes.**

An Stelle des bisherigen Briefes kann durch lediglich privatschriftlichen Antrag ein neuer Brief verlangt werden, § 67 GBO., sobald der alte Brief oder ein Ausschlußurteil hinsichtlich desselben vorgelegt wird.

Die Erteilung des neuen Briefes ist in Sp. 7 der Abteilung III zu vermerken. § 12 AV.

Der neue Brief ist nach dem gegenwärtigen Stande des Grundbuchs zu fertigen, § 68 Abs. 2 GBO., hat alle auf dem alten Briefe befindlichen Vermerke zu enthalten, auch muß auf demselben angegeben werden, daß er an Stelle des bisherigen vernichteten oder für kraftlos erklärten Briefes tritt.

Mit dem neuen Briefe ist die vom alten Briefe abzutrennende Schuldurkunde oder bei Aufgebot eine aus den Akten zu entnehmende beglaubigte Abschrift zu verbinden und derselbe dem Gläubiger auszureichen.

Der vorgelegte alte Brief ist zu vernichten und zu den Akten zu nehmen oder dem Eigentümer auszureichen.

8. Bildung eines **gemeinschaftlichen** Briefes, § 66 GBO.

Ein gemeinschaftlicher Brief kann nur für Briefhypotheken, Grundschulden oder Rentenschulden erteilt werden, die entweder nur auf ein und demselben Blatte oder, wenn verschiedene Blätter in Frage kommen, sämtlich gleichmäßig auf diesen verschiedenen Blättern, die außerdem zu demselben Amtsgerichte gehören müssen, verzeichnet sind. Die Hypotheken müssen weiter demselben Gläubiger gehören und auf allen Blättern im Range unmittelbar aufeinander folgen, da auch ein in Abteil. II eingetragenes, zwischen den Hypotheken stehendes Recht die Erteilung des gemeinschaftlichen Briefes ausschließt. Der Antrag auf Erteilung des Briefes bedarf keiner besonderen Form, während die erforderliche Zustimmung des Eigentümers, § 66 GBO. nach § 30 daselbst nur in der Form des § 29 daselbst berücksichtigt werden kann.

Über die Fassung des Briefes erteilt § 40 und Anl. D AV. Auskunft.

Dem gemeinschaftlichen Briefe sind sämtliche von dem bisherigen Briefe abzutrennenden Schuldurkunden anzuheften, auch ist auf demselben zu vermerken, daß er an Stelle der bisherigen Einzelbriefe tritt. Die bisherigen Briefe sind unbrauchbar zu machen und zu den Akten zu nehmen oder dem, der sie eingereicht hat, zurückzugeben.

Die Erteilung des gemeinschaftlichen Briefes ist in Sp. 7 einzutragen.

III. Sp. 9—11, § 12 Abs. 3 AV.

1. Die Ausfüllung dieser Spalten durch Eintragung des nach § 47 Abs. 1 GBO. vorgeschriebenen Löschungsvermerkes hat nur zu erfolgen, wenn es sich um Löschung der Hypothek, Grundschuld oder Rentenschuld selbst, also um Wegfall oder Verringerung einer Eintragung in Sp. 1—4 handelt. Die Vermerke sind fortlaufend untereinander aufzunehmen, der zu löschende Betrag in Sp. 11 in Buchstaben nur dann zu wiederholen, wenn eine Teillöschung vorliegt. § 16 Abs. 2 AV. Steht die Hypothek usw. mehreren Gläubigern zu und wird nur der Teilbetrag eines einzelnen gelöscht, so ist der Name desselben beizufügen,

z B. dreitausend Mark Teilbetrag des Anton Berger gelöscht am ...

Bei Löschung eines Teilbetrages ist dieser in Sp. 3 von der ursprünglichen Summe abzuziehen und der Restbetrag anzugeben, s. Probeeintragung Abt. III Nr. 1, 2 u. 7. In Sp. 11 gehört auch die Löschung des teilweisen Zinssatzes bei Ermäßigung derselben, z. B. Ein Prozent Zinsen gelöscht am . . . — Bei vollständiger Löschung einer Hypothek usw. sind sämtliche dieselbe betreffenden Vermerke in allen Spalten rot zu unterstreichen, § 13 Abs. 3 AV. mit Ausnahme des Vermerkes über Vorrangseinräumung, § 880 Abs. 3 BGB.

2. Der Vermerk über die Löschung, auch der Teil- bzw. Zinslöschung, ist bei Briefhypotheken nach § 62 Abs. 2 BGB. auf dem Briefe anzubringen. Bei vollständiger Löschung ist derselbe unbrauchbar zu machen und die mit ihm verbundene Schuldurkunde abzutrennen, § 69 GBO. Die Unbrauchbarmachung hat nach § 42 Abs. 1 AV. mittels Durchstreichen des ersten Eintragungsvermerkes und Zerschneiden des Briefes zu erfolgen. Der Brief ist nach der Vernichtung dem Eigentümer auszureichen. Die abgetrennte Schuldurkunde ist, wenn sie nicht anderweit, z. B. zur Bildung eines neuen Briefes, gebraucht wird, ebenfalls herauszugeben, und zwar, wenn auch das Aufhören der persönlichen Forderung nachgewiesen ist, z. B. durch Quittung, an den Eigentümer, andernfalls z. B. wenn nur eine Löschungsbewilligung oder Verzicht auf die Hypothek vorgelegt wird, an den Gläubiger.

Erfolgt bei einer Gesamthypothek vollständige Löschung nur auf einem Grundbuchblatte, so kann Unbrauchbarmachung des Hypothekenbriefes nur eintreten, wenn dieses zu einem anderen Grundbuchamte gehört. Sonst, sowie bei einer Teillöschung, ist nur der betreffende Vermerk auf dem Briefe anzubringen und dieser dem Gläubiger zurückzugeben.

## § 34. Stempelwesen bei Auflassungen.

A. **Preußischer Stempel.** Tarifnummer 8 zum Stempelsteuergesetze vom 31. Juli 1905 in der Fassung der Bekanntmachung vom 30. Juni 1909, GS. S. 335.

Allgemeine Verfügung des Finanzministers und des Justizministers vom 6. Juli 1909 betreffend das gerichtliche Stempelwesen. JMBl. S. 239 ff.

Die Auflassungserklärungen über inländische Grundstücke und demselben gleichgestellte dinglichen Rechte (s. § 2 u. Tarif 8) unterliegen grundsätzlich einem Landesstempel von ein vom Hundert des Wertes des veräußerten Gegenstandes. Voraussetzung hierfür ist jedoch, daß der Wert 150 Mk. übersteigt, daß die Auflassung zwecks freiwilliger Veräußerung vorgenommen wird und daß auf Grund derselben die Eintragung des Eigentumswechsels bewirkt wird.

Der Auflassungsstempel wird als Gerichtskosten berechnet und eingezogen. Als Wert gilt der gemeine Wert zur Zeit der Auflassung. In der Regel stimmt Wert und vereinbarter Kaufpreis überein. Werden jedoch neben dem Kaufpreise noch weitere Leistungen, z. B. ein Altenteil ausbedungen oder behält sich der Veräußerer Nutzungen, z. B. Nießbrauch an einzelnen Gegenständen, vor, und übersteigt der Kaufpreis unter Hinzurechnung des Wertes dieser Verpflichtungen oder vorbehaltenen Nutzungen den gemeinen Wert, so ist der Stempel von diesem Gesamtwerte zu berechnen, § 6 Abs. 1 StG. u. § 13 Abs. 2 Allg. Verf. v. 6. 7. 09.

Der Grundbuchrichter hat für den richtigen Eingang des Stempels bei den Veräußerungen zu sorgen, seine Verpflichtung ist aber verschieden, je nachdem zur Auflassung eine Urkunde vorgelegt wird oder nicht.

I. **Vorlegung einer Urkunde.**

1. Wird eine Urkunde vorgelegt, so ist der Auflassungsstempel nicht zu erheben, vielmehr die Urkunde zu versteuern, so daß, wenn diese nach dem Tarife Stempelfreiheit hat, z. B. Kaufverträge von Aszendenten an Deszendenten, Erbauseinandersetzungen über steuerfreie Nachlasse, Schenkungen zwischen Ehegatten, ein Stempel überhaupt nicht fällig wird.

Die versteuert oder unversteuert vorgelegte Urkunde ist aber zur Ausschließung des Auflassungsstempels nur unter folgenden Voraussetzungen geeignet:

a) Dieselbe muß in Urschrift, Ausfertigung oder beglaubigter Abschrift vorgelegt werden.

b) Dieselbe muß in an sich stempelpflichtiger Form abgefaßt sein, d. h. nach den bestehenden Gesetzen eine erzwingbare Verpflichtung enthalten. Privatschriftliche Grundstücksveräußerungsverträge gelten aber als solche Urkunden, da sie nach § 313 Satz 2 BGB. durch die Auflassung und die sich anschließende Eintragung bindend werden.

c) Die Urkunde muß das Veräußerungsgeschäft so enthalten, wie es unter den Beteiligten hinsichtlich des Wertes der Gegenleistung verabredet ist. Ein Scheingeschäft unter Angabe eines geringeren Wertes hat keine vom Auflassungsstempel befreiende Wirkung.

d) Das beurkundende Rechtsgeschäft muß das der Auflassung zugrunde liegende sein, also dasjenige, zu dessen Durchführung die Auflassung erfolgt. Dieser Fall liegt z. B. nicht vor, wenn, wie es bei Parzellierungen fast regelmäßig vorkommt, der Güterausschlächter sich von dem eingetragenen Eigentümer eine Veräußerungsvollmacht ausstellen und weiter gemäß § 145 BGB. in bindender Form die Grundstücke anstellen läßt, demnächst innerhalb der ihm gewährten Frist aus dem ihm infolge des Angebots zustehenden eigenen Rechte Teilgrundstücke weiter veräußert, die Verträge gleichwohl formell zwischen dem Eigentümer und den Erwerbern in der Weise beurkunden läßt, daß in denselben die lediglich ihm gegenüber vereinbarten Leistungen aufgenommen werden. Wird dann die Auflassung direkt vom Eigentümer, in der Regel durch den Parzellanten als Bevollmächtigten, an die Erwerber der Teilgrundstücke erklärt und zu derselben der gedachte Vertrag vorgelegt, so muß gleichwohl der Auflassungsstempel erhoben werden, da die beurkundete Veräußerung nicht diejenige ist, in deren Erfüllung die Auflassung vorgenommen wird. Durch die Auflassung sollen in diesem Falle vielmehr zwei voneinander unabhängige Veräußerungen erfüllt werden, nämlich die zwischen dem Eigentümer und der Mittelsperson und die zwischen dieser und den Erwerbern bestehenden. Von Erhebung des Auflassungsstempels könnte daher nur abgesehen werden, wenn Urkunden über beide Geschäfte in stempelpflichtiger Form vorgelegt würden.

2. Der Grundbuchrichter ist, § 14 Abs. 3 Allg. Verf. v. 6. 7. 09, verpflichtet, die vorgelegten Urkunden nach der vorschriftsmäßigen Versteuerung sorgfältig zu prüfen. Dabei ist folgendes zu beachten:

a) Ist vorgelegte Urkunde, z. B. ein privatschriftlicher Kaufvertrag, überhaupt nicht, oder ist sie nur nicht ausreichend versteuert, so kann er gemäß § 58 Nr. 6 Gerichtskostengesetzes die Auflassung von der Sicherheitsleistung des fehlenden Stempels, dessen Höhe er zu bestimmen hat, abhängig machen. Vgl. auch Allg. Verf. v. 15. 9. 95 JMBl. S. 272.

b) Erfolgt die Einreichung der nicht oder nicht gehörig versteuerten Urkunde erst nach Ablauf der in § 16 StG. bestimmten Frist, so ist außer dem Erfordern des Stempels dem Hauptzollamte unter Mitteilung einer beglaubigten Abschrift und Nachricht des Eingangstages behufs etwaiger Einleitung des Strafverfahrens Anzeige zu erstatten.

c) Stellt sich heraus, daß die vorgelegte Urkunde das Geschäft nicht so enthält, wie es unter den Beteiligten hinsichtlich des Wertes der Gegenleistung verabredet ist, oder steht der Wert der Gegenleistung zu dem gemeinen Werte des Grundstückes in einem so offenbaren Mißverhältnisse, daß der Verdacht der Stempelhinterziehung gerechtfertigt erscheint, und wird dieses Mißverhältnis durch die Beteiligten nicht aufgeklärt, so sind die vorgelegten Urkunden nicht zu beachten, vielmehr ist der Auflassungsstempel zu erfordern.

Im ersteren Falle ist außerdem die Urkunde oder Abschrift derselben dem Hauptzollamte zur weiteren Veranlassung wegen der vorgekommenen Steuerhinterziehung zu übersenden.

II. **Nichtvorlegung einer Urkunde.**

1. Wird eine das Veräußerungsgeschäft enthaltende Urkunde nicht vorgelegt, so hat der Grundbuchrichter nach § 16 Allg. Verf. v. 6. 7. 09 eine Belehrung der Beteiligten vorzunehmen, insbesondere

a) zu ermitteln, ob eine Urkunde überhaupt nicht gebildet ist. Besteht eine solche, so ist den Beteiligten die Vorlegung anheimzugeben unter dem Hinweise, daß bei Nichtvorlegung der Auflassungsstempel erhoben wird, daß aber die Urkunde gleichwohl stempelpflichtig bleibt und somit doppelter Stempel notwendig wird, daß die Stempelpflichtigkeit auch bei einer an sich nicht verbindlichen Urkunde eintritt, da sie durch die Auflassung und Eintragung Verbindlichkeit erlangt.

Weiter hat er darauf hinzuweisen, daß die Verstempelung auch der nicht vorgelegten Urkunde zur Vermeidung der bis zur Höhe des zehnfachen Betrages des vorgeschriebenen Stempels möglichen Stempelstrafe binnen zwei Wochen nach Eintritt ihrer Verbindlichkeit erfolgen muß.

b) Ist keine Urkunde vorhanden oder soll solche nicht vorgelegt werden, so ist festzustellen, welcher Art das der Auflassung zugrunde liegende Veräußerungsgeschäft ist. Ergibt sich, daß dasselbe Stempelfreiheit hat oder geringer als die Auflassung zu versteuern ist, so sind die Beteiligten darauf aufmerksam zu machen und ist ihnen nachträgliche Vorlegung oder Abgabe zu Protokoll anheimzustellen.

c) Bei der vorzunehmenden Ermittelung des Wertes ist, wenn es sich um ein Kaufgeschäft handelt, auch der Wert etwaiger vorbehaltenen Nutzungen oder außer dem Kaufpreise übernommenen Verpflichtungen festzustellen, da nach Tarifstelle 32 der zu verstempelnde Wert nicht geringer sein darf, als der Kaufpreis unter Hinzurechnung dieser vorbehaltenen Nutzungen und weiteren Leistungen.

Die Beteiligten sind hierüber zu belehren und auf die für die Zuwiderhandlung in § 17 Abs. 3a StG. angedrohte Strafe hinzuweisen.

d) Die Belehrungen und Vorhaltungen, ebenso die Erklärungen der Beteiligten müssen im Protokolle vermerkt werden, da hiervon die Fälligkeit des Auflassungsstempels abhängt. Joh. Bd. 24 S. B 17; Bd. 27 S. B 31.

e) Die Urkunde über das Veräußerungsgeschäft kann nachträglich innerhalb einer Frist von zwei Wochen nach der Zustellung der Kostenrechnung vorgelegt werden; sie schließt auch dann den Auflassungsstempel aus.

f) Ergibt das Auflassungsprotokoll die stattgehabte Belehrung nicht, so läuft die Frist von zwei Wochen nicht, zu ihrem Beginn muß vielmehr die Belehrung nachgeholt werden. Joh. Bd. 24 S. B 17.

2. Der Grundbuchrichter kann nach § 58 Nr. 6 Gerichtskostengesetzes, wenn ein Vertrag nicht vorgelegt ist, die Auflassung von Sicherstellung des Stempels abhängig machen und hat wegen der Sicherstellung nach der Allg. Verf. v. 15. 9. 95 das Erforderliche zu veranlassen.

B. **Reichsstempel.** Reichsstempelgesetz vom 15. Juli 1909 nebst Tarif RGBl. S. 833. Ausführungsbestimmungen des Bundesrates zu Tarif Nr. 11 vom 26. Juli 1909. JMBl. S. 273. Allgemeine Verfügung des Justizministers vom 27. Juli 1909. JMBl. S. 290.

1. Nach Nr. 11 des Tarifs ist von den Beurkundungen der Übertragung des Eigentums an inländischen Grundstücken und denselben gleichgestellten Rechten — abgesehen vom Landesstempel — ein Reichsstempel von $^1/_3$ vom Hundert des Wertes und außerdem nach § 90 Abs. 4 RStG. bis zum Inkrafttreten eines besonderen Zuwachssteuergesetzes ein gleicher Betrag als Zuwachssteuer zu erheben, so daß die Reichsabgabe $^2/_3$ vom Hundert beträgt. Als die der Reichsstempelabgabe unterliegende Beurkundungen führt der Tarif Nr. 11 abgesehen von den Auflassungen an:

a) Kauf- und Tauschverträge und andere entgeltliche Veräußerungsverträge einschließlich der gerichtlichen Zwangsversteigerungen und Abtretung der Rechte aus dem Meistgebot.

b) das Einbringen in Aktiengesellschaften, Kommanditgesellschaft auf Aktien oder Gesellschaft mit beschränkter Haftung.

c) die Überlassung von Gesellschaftsvermögen an einzelne Gesellschafter zu Sondereigentum.

Ausnahmsweise sind die zu a—c gedachten Verträge, jedoch von der Reichsabgabe befreit, nämlich unter den im Tarif besonders hervorgehobenen Voraussetzungen. Bei Kauf- und Tauschverträgen ist dieses hauptsächlich der Fall, wenn dieselben zwischen Teilnehmern an einer Erbschaft zum Zwecke der Teilung der Nachlaßgegenstände geschlossen sind, oder sich als Überlassungsverträge zwischen Aszendenten und Deszendenten darstellen.

2. Die Reichsabgabe ist von allen nicht ausdrücklich befreiten Veräußerungen zu entrichten, eine Beschränkung auf den Wert von über 150 Mk., wie dieses beim Landesstempel der Fall, findet nicht statt.

Von der Abgabe befreit ist nur der Landesfürst und die Landesfürstin, dagegen erkennt das Gesetz weitere Befreiungen für natürliche oder juristische Personen nicht an, so daß z. B. auch der Preußische Staat, Kirchen, Schulen und milde Stiftungen die Stempel entrichten müssen.

3. Solange von der in § 91 RStG. dem Bundesrate vorbehaltenen Anordnung der Anfertigung und des Vertriebs von Stempelmarken kein Gebrauch gemacht ist, hat die Abgabe durch Zahlung der Barbeträge zu erfolgen.

Die Zahlung hat nach § 127a der Ausführungsbestimmungen, bei den von Behörden und Beamten einschließlich der Notare aufgenommenen Urkunden, wenn nicht eine andere Stelle durch die Landesregierung bestimmt ist (was in Preußen nicht der Fall), an diese Behörden und Beamten zu erfolgen, bei den übrigen Urkunden an die für die Erhebung von Reichsstempelabgaben zuständige Steuerstelle. Die Behörden und Beamten haben die von ihnen vereinnahmten Beträge nach § 127e daselbst bis zum 10. jeden Monats an die Steuerstelle ihres Bezirks abzuliefern.

4. Bei den Auflassungen ist, wie hinsichtlich des Landesstempels zu unterscheiden, ob eine Veräußerungsurkunde vorgelegt ist, oder nicht.

I. Wird eine Urkunde nicht vorgelegt, so ist die Reichsabgabe von $^2/_3$ vom Hundert zu der Auflassung zu erheben.

a) Der Grundbuchrichter hat die Sicherstellung nach § 85 Abs. 3 RStG. und § 3 Allg. Verf. v. 27. 7. 09 zu veranlassen; muß die Eintragung des Eigentumsüberganges von der Sicherheitsleistung abhängig machen. Die Auflassung kann er zwar nicht ablehnen, wie dieses beim Landesstempel der Fall, sondern nur die Durchführung derselben. Er hat die Beteiligten hiervon in Kenntnis zu setzen und die Belehrung im Protokolle aufzunehmen etwa dahin:

Die Beteiligten sind darauf hingewiesen, daß die Eintragung des Eigentumsüberganges von der Sicherstellung der Reichsabgabe in Höhe von $^2/_3$ vom Hundert des auf ... festgestellten Wertes abhängig gemacht wird.

b) Nur wenn durch die Aussetzung der Eintragung des Eigentumsüberganges ein schwer zu ersetzender Nachteil entstehen würde, darf dieselbe ohne Sicherstellung der Abgabe erfolgen. In diesem Falle sind die Gründe, welche die Ausnahme nach der Überzeugung des Richters rechtfertigen, ausführlich im Auflassungsprotokolle aufzunehmen.

c) Der Grundbuchrichter hat den Wert des Auflassungsgegenstandes durch Verhandlung mit den Beteiligten genau zu ermitteln und die Höhe und Art der Sicherstellung zu bestimmen. Er soll die Sicherheitsleistung tunlichst durch Einzahlung des erforderlichen Barbetrages bewirken lassen.

Das Verfahren regelt sich in der Weise, daß nach Festsetzung des Wertes durch den Richter der Gerichtsschreiber über die Abgabe die Rechnung ausstellt, der zur Abgabe Verpflichtete unter Vorlegung der Rechnung bei der Kasse Zahlung leistet und demnächst nach Vorlegung der Quittung die Auflassung bewirkt wird. Die Quittung ist zu den Akten zu nehmen oder ein Vermerk dahin:

Die Sicherstellung der Reichsabgabe ist ausweislich der vorgelegten Quittung der Gerichtskasse durch Barzahlung von .... Mk. erfolgt, zu den Akten zu bringen.

d) Bei Grundstücksübertragungen kann auf Antrag des Erwerbers Befreiung von der Reichsstempelabgabe eintreten, Tarif Nr. 11 letzter Satz, nämlich wenn

α) der stempelpflichtige Wert bei bebauten Grundstücken 20000 Mk. und bei unbebauten Grundstücken 5000 Mk. nicht übersteigt,

β) der Erwerber nicht gewerbsmäßig Grundstückshandel betreibt und

γ) sein Jahreseinkommen nicht über 2000 Mk. beträgt.

Die Befreiung kann sowohl bei natürlichen als auch bei juristischen Personen eintreten, jedoch müssen die Voraussetzungen dargetan werden.

Über den gewerbsmäßigen Grundstückshandel wird ein Attest der Polizeibehörde, bei welcher das Gewerbe angemeldet sein müßte, erforderlich sein, während über das Einkommen die Vorlegung der Veranlagung zur Steuer, oder die Steuerquittung, gegebenenfalls die Bescheinigung des Gemeindevorstandes ausreichen würde. Sind besondere Erhebungen erforderlich, so kann die Hilfe des Hauptzollamtes in Anspruch genommen werden. Dieses wird namentlich der Fall sein, wenn es sich z. B. um eine neu begründete Gesellschaft oder einen Verein handelt, die zur Steuer noch nicht herangezogen sind. § 4 Abs. 3 Allg. Verf. v. 27. 7. 09. Der Antrag auf Befreiung ist im Auflassungsprotokolle aufzunehmen, er kann jedoch auch nachträglich gestellt werden, sogar nach Zahlung der Abgabe behufs Rückerstattung derselben. Eine besondere Form ist für denselben nicht vorgeschrieben.

Wird der Antrag bei Gelegenheit der Auflassung gestellt, der Nachweis aber nicht sofort geführt, so wird im Auflassungsprotokolle etwa folgender Vermerk aufzunehmen sein:

> Der Erwerber beantragte Freiheit von der Reichsabgabe, da der Wert des Grundstückes 20000 Mk. — bzw. 5000 Mk. — nicht überschreite, er weder Grundstückshandel gewerbsmäßig betreibe, noch sein Jahreseinkommen 2000 Mk. nicht übersteige. Er verspricht die letzteren Tatsachen durch Atteste des Amtsvorstehers und Gemeindevorstehers nachzuweisen. Den Beteiligten ist eröffnet, daß die Eintragung des Eigentumsüberganges von diesem Nachweise oder der Sicherstellung der Reichsabgabe in Höhe von $^2/_3$ vom Hundert des auf .... Mk. festgesetzten Wertes abhängig gemacht werde.

e) Sind nach der Überzeugung des Richters die Voraussetzungen der Befreiung dargetan und ist deshalb von Sicherstellung abgesehen, so hat der Grundbuchrichter auf dem Auflassungsprotokolle einen mit Datum und Unterschrift versehenen Vermerk, § 127d Ausführungsbestimmungen, anzubringen etwa dahin:

> Von der Reichsabgabe nach Tarif Nr. 11 letzter Satz zum Stempelsteuergesetzes vom 15. Juli 1909 befreit.
>
> Halle a. S. den .....
>
> Lehmann, Amtsrichter.

f) Sind beim Vorliegen eines Befreiungsantrages die Voraussetzungen der Befreiung nach der Überzeugung des Richters nicht dargetan, so ist Sicherstellung zu verlangen und der Verpflichtete auf den Erstattungsweg zu verweisen, § 127d Nr. 2 letzter Satz der Ausführungsbestimmungen.

II. Wird eine Urkunde vorgelegt, so ist diese zu versteuern und von der Sicherstellung des Auflassungsstempels abzusehen. Die Urkunde muß aber auch hier die unter A Nr. I 1a—d besprochenen Voraussetzungen haben.

1. Der Grundbuchrichter hat gemäß § 1 Schluß Allg. Verf. vom 27. 7. 09 die Versteuerung der ihm vorgelegten Urkunden auch hinsichtlich des Reichsstempels sorgfältig zu prüfen und etwa wahrgenommene Zuwiderhandlung gegen die Stempelgesetze zur Anzeige zu bringen.

Er hat insbesondere nach § 127k der Ausführungsbestimmungen den Wert der Grundstücke zu ermitteln, bei etwaigen Bedenken hinsichtlich der Wertsangabe wegen des Fehlbetrages Sicherheit zu fordern und die Urkunde unter Mitteilung der Bedenken und Angabe der verlangten und geleisteten Sicherheit der Steuerbehörde zu übersenden.

2. Die hauptsächlich in Betracht kommenden Fälle sind:

a) Es wird eine mit dem Vermerk über Zahlung des Stempels versehene stempelpflichtige, notariell aufgenommene Urkunde vorgelegt, und ermittelt, daß dieselbe das Veräußerungsgeschäft nicht so enthält, wie es unter den Beteiligten hinsichtlich des Wertes verabredet ist, oder

es ergibt sich, daß die Veräußerung der Beurkundung entgegen durch einen Bevollmächtigten für eigene Rechnung erfolgt ist, s. A I 1d.

In beiden Fällen ist die Urkunde nicht zu beachten und so zu verfahren, als ob ein Vertrag überhaupt nicht vorhanden wäre.

b) Es wird eine Urkunde vorgelegt, die einen Vermerk über Zahlung des Stempels nicht hat, z. B. ein privatschriftlicher oder ein bereits vor dem 1. August 1909 aufgenommener notarieller Vertrag eingereicht. In diesen Fällen ist Sicherstellung der Reichsabgabe nach dem in der Urkunde angegebenen oder ermittelten Werte zu verlangen, die Urkunde unter Mitteilung der geleisteten Sicherheit der Steuerbehörde zu übersenden, da eine Erhebung der Steuer als Gerichtskosten unter allen Umständen nicht zu erfolgen hat.

c) Es wird eine notarielle Urkunde vorgelegt, auf welcher Stempelfreiheit vermerkt ist. In diesem Falle hat sich der Grundbuchrichter mit dem Vermerke zu begnügen, da ihm nach § 4 Allg. Verf. v. 27. 7. 09 eine Nachprüfung, ob die Stempelfreiheit begründet ist, ob namentlich der Antrag gestellt und die Voraussetzungen für die Stempelfreiheit dargetan sind, nicht zusteht.

## § 35. Pfandfreie Abschreibung.

Wird ein Grundstück oder der Teil eines solchen abgeschrieben, so sind sämtliche auf demselben lastende Berechtigungen auf das neue Blatt mit zu übertragen. Von dieser Mitübertragung kann nur abgesehen werden, wenn entweder Pfandentlassungen oder ein Unschädlichkeitsattest vorgelegt wird.

1. Die Pfandentlassungen müssen in der Form des § 29 GBO. ausgestellt sein. Handelt es sich um Hypotheken, Grundschulden und Rentenschulden, so muß außerdem noch die Zustimmung des Eigentümers vorgelegt werden, § 27 GBO., da sich die pfandfreie Abschreibung als Teillöschung darstellt. Joh. Bd. 25 S. A 315. Diese Zustimmung wird in dem Antrage auf pfandfreie Abschreibung oder Eintragung der Pfandentlassung gefunden werden können, derselbe dann aber nach § 30 GBO. dem § 29 zu entsprechen haben. Der Eintragung der Pfandentlassung bedarf es zwar nach § 47 Abs. 2 GBO. nicht, dagegen muß ein Vermerk über die Freilassung, weil diese die Löschung ersetzt, auf dem vorhandenen Briefe nach § 62, 70 GBO. angebracht werden.

2. Das Unschädlichkeitszeugnis ersetzt nur die Bewilligung der pfandfreien Abschreibung, es muß also, wie zu a bei Hypotheken, Grundschulden und Rentenschulden, Zustimmung des Eigentümers oder Antrag hinzutreten.

Die früheren Gesetze über Ausstellung dieses Zeugnisses sind durch Art. 120 EG. z. BGB. aufrechterhalten, insbesondere mithin Ges. v. 3. 3. 50 (GS. 145), v. 27. 6. 60 (GS. 384), v. 25. 3. 89 (GS. 65), v. 15. 7. 90 (GS. 226) und durch Art. 20 AG. z. GBO. für das jetzt geltende Recht ergänzt sind.

Für den Grundbuchrichter ist besonders folgendes wichtig:

a) Zur Ausstellung des Attestes ist in erster Linie die Generalkommission zuständig, jedoch ist für die mit landschaftlichen Pfandbriefsdarlehnen belasteten Grundstücke diese Zuständigkeit auf die Landschaften übertragen.

b) Der Art. 20 AG. z. GBO. kennt 4 Arten von Unschädlichkeitsattesten, nämlich:

Nr. 1. Die Unschädlichkeit wird von einer im Attest bestimmt anzugebenden Rente abhängig gemacht. In diesem Falle muß gleichzeitig mit der Abschreibung die Eintragung der Rente auf dem abveräußerten Teile in Abt. II Sp. 1—3 als Reallast an erster Stelle für den bisherigen Eigentümer eingetragen **und** das Recht auf die Rente im Verzeichnisse II auf dem Blatte des Hauptgrundstückes, § 8 GBO., vermerkt werden. Das Attest reicht aber allein für diese Eintragungen nicht aus, dieselben müssen vielmehr von den Beteiligten bewilligt und beantragt, und hiervon seitens des Grundbuchrichters die pfandfreie Abschreibung abhängig gemacht werden.

Nr. 2. Bei Tausch soll Unschädlichkeit nur unter der Bedingung ausgesprochen werden, daß das eingetauschte Grundstück dem Hauptgrundstücke als Bestandteil zugeschrieben wird. Diese Zuschreibung allein bringt jedoch nicht allen beteiligten Berechtigten die von ihnen zu beanspruchende Sicherung. Sie würde namentlich den Reallastberechtigten in Abt. II gar keinen Ersatz gewähren, weil die Haftverbindlichkeit des Bestandteils nach § 1131 BGB. nur für die Abt. III eingetragenen Rechte eintritt. Weiter würden die Gläubiger in Abt. III, da der Akt der Zuschreibung für alle Rechte zu gleicher Zeit wirksam wird, auf dem Bestandteile nur gleichen Rang haben. Dieser Erfolg widerspricht aber der im Gesetze und in dem Atteste ausgedrückten Absicht, das eingetauschte Grundstück völlig an die Stelle des abgeschriebenen treten zu lassen. Aus diesem Grunde wird der Grundbuchrichter die pfandfreie Abschreibung nicht nur von dem Antrage auf Zuschreibung als Bestandteil abhängig zu machen haben, sondern weiter von der abzugebenden Erklärung der Erwerber, daß das zuzuschreibende Grundstück auch in die Haftverbindlichkeit für die Reallasten z. B. Altenteil oder Leibrente, eintritt, und daß diese, sowie die Rechte in Abt. III auf demselben den gleichen Rang, wie auf dem Hauptgrundstücke erhalten. Über den Eintritt der Mithaft für die Reallasten und das Rangverhältnis sind dann aber in Abt. II und III, Sp. Veränderungen, besondere Vermerke einzutragen.

Z. B. in Abt. II: Das eingetauschte und als Bestandteil zugeschriebene Grundstück lfde. Nr. 3 ist für das Abt. II Nr. 4 eingetragene Altenteil mit verhaftet und hat das letztere und die in Abt. III Nr. 1—3 eingetragenen Hypotheken auf demselben den gleichen Rang wie auf dem Hauptgrundstücke. Eingetragen am . . ., während in Abt. III der zweite Teil des Vermerkes ausreichen würde.

Soweit wegen Verschiedenheit der Werte der vertauschten Grundstücke noch eine Ausgleichsumme zu zahlen ist, gilt dasselbe wie nachfolgend bei Nr. 3.

Nr. 3. Handelt es sich um Kauf, so ist Unschädlichkeit nur zulässig, wenn

α) der Kaufpreis an erster Stelle auf dem abveräußerten Trennstücke für den Veräußerer eingetragen und dabei als Verfügungsbeschränkung in Abt. II Sp. 5—7 die Zugehörigkeit dieser Hypothek zu dem Verbande des Hauptgrundstückes oder ein Pfandrecht für die an dem letzteren eingetragenen Berechtigten eingetragen wird. Die Bewilligung zur Eintragung der Verfügungsbeschränkung wird durch das Unschädlichkeitsattest ersetzt, Art. 20 Nr. 3 letzter Satz, die Bewilligung zur Eintragung der Hypothek muß der Erwerber dagegen erklären.

β) die Eintragung des Kaufgeldes wird nicht erforderlich, wenn, was in der Praxis die Regel, durch die Generalkommission — nicht durch die Landschaft — bescheinigt wird, daß das Kaufgeld entweder zu ihrer Verfügung hinterlegt oder sichergestellt, oder die Verwendung des Kaufgeldes erfolgt, oder nicht erforderlich ist.

Unter welchen Voraussetzungen die Generalkommission zur Ausstellung dieses Zeugnisses berechtigt ist, hat für den Grundbuchrichter keine Bedeutung.

Nr. 4. Bei unentgeltlichen Veräußerungen im Falle von Art. 20 Nr. 4 muß zur pfandfreien Abschreibung außer der Unschädlichkeit von der Generalkommission weiter bescheinigt werden, daß mit der Ausführung der Anlage begonnen ist.

c) Auf Grund des Unschädlichkeitszeugnisses kann nach Art. 20 Abs. 1 nur pfandfreie Abschreibung hinsichtlich der Hypotheken, Grund- und Rentenschulden, sowie der Reallasten erfolgen, während die anderen Rechte durch dasselbe nicht berührt werden. Von den Reallasten werden aber wiederum die Rentenbankrenten und Domänenamortisationsrenten durch das Attest nicht mit ergriffen, diese sind vielmehr, wenn nicht ausdrückliche Freilassungserklärungen der Rentenbankdirektion bzw. der Regierung vorgelegt werden, mit zu übertragen, gehen sogar der etwaigen neu einzutragenden Rente bei Nr. 1 und der Kaufgelderhypothek bei Nr. 3 vor.

d) Die Eintragung der Pfandentlassung erfolgt bei Vorlegung des Unschädlichkeitszeugnisses mit Rücksicht auf § 47 Abs. 2 GBO. nicht, ebensowenig bedarf es der Vorlegung der Briefe zur Anbringung des Pfandentlassungsvermerkes, Art. 20 Abs. 2. Wird der Brief jedoch bei der Abschreibung oder später vorgelegt, so ist der Vermerk anzubringen.

Die Unschädlichkeitsatteste sind nur bei der Abschreibung wirksam, jedenfalls darf auf Grund derselben eine Löschung nicht vorgenommen werden, da die Ausnahmevorschrift nicht ausgedehnt ausgelegt werden kann. Joh. Bd. 12 S. 341.

Z. B. kann die Löschung der mit einem Trennstücke auf ein anderes Grundbuchblatt übertragenen Rechte auf Grund des erst nach der Übertragung vorgelegten Attestes nicht erfolgen, wenn in demselben auch die Unschädlichkeit der Abveräußerung des gedachten Trennstückes bescheinigt wird.

# Sachregister.

Die Zahlen bedeuten die Seiten, die denselben beigefügten kleineren Zahlen oder Buchstaben die Abschnitte auf der betreffenden Seite.

---

## A.

## F.

## H.

## J.



## K.



## L.

## M.

## N.

## Q.



## R.

## S.

## V.

---

Herrosé & Ziemsen, G. m. b. H., Wittenberg.

MIX
Papier | Fördert
gute Waldnutzung
FSC® C083411

Kolibri 360 GmbH
Ferdinand-Jühlke-Straße 7
99095 Erfurt, Deutschland
produktsicherheit@kolibri360.de